子どものSOSの聴き方・受け止め方

半田一郎 著

金子書房

はじめに

この本はＳＯＳの聴き方・受け止め方というテーマで書かせていただくこととなりました。実は、このテーマで書かせていただく背景には、私なりの危機感があります。まずは、その危機感についてお話しさせていただこうと思います。

子どもの自殺数が増加

日本の自殺者数は、平成一〇年に大幅に増加して三万人を越えて以来、一〇年以上横ばいで高い水準が続いてきました。それに対して、平成一八年には自殺防止基本法、平成一九年には自殺総合対策大綱が策定され、それに基づいて自殺防止対策が実施されてきました。その対策による効果が少しずつ現れてきたのだと思いますが、平成二二年以降、令和元年まで自殺者数が減少し続けるようになりました（厚生労働省、二〇二一）。

しかし、一〇代の自殺者数はその間ずっと横ばいであまり変化がありませんでした。しかも、一五～三九歳の死因の第一位は自殺となっています。そして、一五～三四歳の若い世代で死因の第一位が自殺となっているのは、先進国（Ｇ７）では日本のみであり、その死亡率も他の国に比べて高いものとなっているとのことです（厚生労働省、二〇二一）。

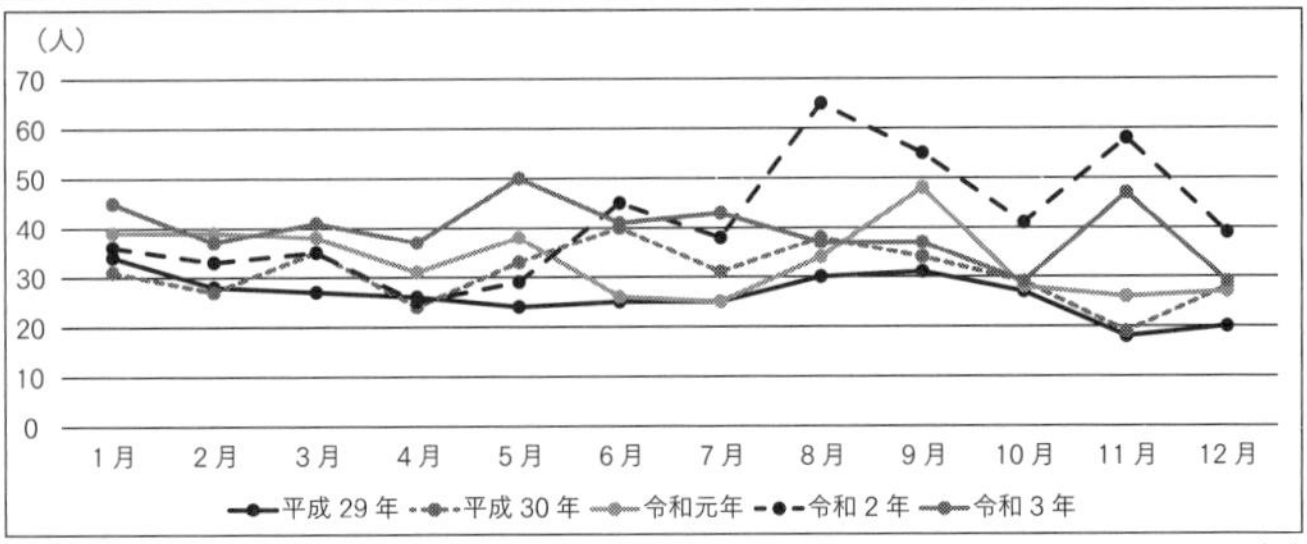

（人）

年	1月	2月	3月	4月	5月	6月	7月	8月	9月	10月	11月	12月	計
平成 29 年	34	28	27	26	24	25	25	30	31	27	18	20	315
平成 30 年	31	27	35	24	33	40	31	38	34	29	19	28	369
令和元年	39	39	38	31	38	26	25	34	48	28	26	27	399
令和 2 年	36	33	35	25	29	45	38	65	55	41	58	39	499
令和 3 年	45	37	41	37	50	41	43	37	37	29	47	29	473

（出典）厚生労働省「自殺の統計：地域における自殺の基礎資料」（暫定値）及び「自殺の統計：各年の状況」（確定値）を基に作成

図 1　児童生徒の月別自殺者数〔推移〕（文部科学省，2022）

そして、コロナ禍の中で、子どもの自殺が大きく増加したことが報告されています（文部科学省、二〇二二）。平成二九（二〇一七）年三一五名、平成三〇（二〇一八）年三六九名、令和元（二〇一九）年三九九名とずっと増加してきましたが、令和二（二〇二〇）年は四九九名と前年の二五％以上も増加しているのです。そして、令和三（二〇二一）年では、前年より少し減少したものの、高止まり傾向となっています。コロナ禍の中で、子どもたちがさらに様々な困難な状況に追い込まれたのだと考えられます。

そもそも、子どもの数自体は少しずつ減っています。それにもかかわらず、自殺まで追い込まれてしまう子ど

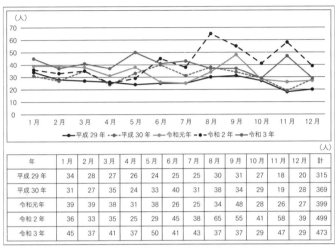

もたちが増えつづけているのは、本当に深刻な事態だと思います。

夏休み明けの子どもの自殺

子どもの自殺は、多くの自治体で夏休みが明ける九月一日に最も多くなる（内閣府、二〇一五）ということが、ニュースなどで報道され、夏休み明けの子どもの自殺が社会に知られるようになりました。それを受けて、二〇一五年八月二六日に鎌倉市図書館がツイッターで「学校が始まるのが死ぬほどつらい子は、学校を休んで図書館へいらっしゃい。」と呼びかけました。それが、SNSで拡散されたりニュース報道されるなどして大変大きな話題となりました。

このことをきっかけにして、死んでしまいたいと思うくらいなら、どこかに逃げたり休んだりするのは全くおかしくないと、社会で共有されたように感じます。当時私も、社会が子どもたちをサポートしようとする姿勢を示してくれたことで、温かい気持ちになったことを覚えております。

しかし、次の年にも、その次の年にも、夏休みの終わりが近づくと二〇一五年と同じように「夏休み明けに辛ければ、無理して学校へ行くことはない」等と呼びかけが行われていたのです。私は、このことに大きな違和感を抱いていました。

自殺は、「追い込まれた末の死」（厚生労働省、二〇一七）とも言われます。ある日突然に死にたい気持ちが生じて自殺行動に至ってしまうものではありません。だからこそ、夏休みが終わるころになって子どもたちに呼びかけをすることは、本質的な解決にはつながらないものだと思います。もう既に夏休み明けに子どもの自殺が多くなるのは分かっているわけですから、直前になって子どもに呼びかけるのではなく、事前にしっかりとした対応をするべきだと感じていました。少なくとも、夏休みが始まる前から、大人が意識を持って子どもたちにかかわっていくような動きが必要ではないかと考えていました。

SOSの出し方教育

こういった流れの中で、自殺総合対策大綱が二〇一七年七月に閣議決定されました。その中では、児童生徒の自殺対策を強化するため、新たに「児童生徒のSOSの出し方に関する教育」を全国的に推進することが示されました（厚生労働省、二〇一七）。それを受けて、いくつかの「SOSの出し方教育」のモデルが提案されました。

例えば、東京都のモデルでは、DVD教材も活用し「身近にいる大人に相談しよう」というコンセプトを伝える内容になっています（東京都教育委員会、二〇二一）。学校段階に応じて三種類の教材が作成されています。例えば、中学生向けの動画教材では、前半は約一〇分で、

（1）一人一人が大切な存在であることに気付く、（2）ストレスの概要について知ることなどが、解説されています。そして、前半の最後に、「つらい気持ちになった時に、どのような対処をしているか」を自分なりに考えてみて、その後、生徒同士で伝え合うように投げかけがあります。さらに、後半（約一〇分）で対処法について解説がなされて、信頼できる大人に相談するように子どもたちに投げかけています。その中では、「少なくとも三人の大人に話してみましょう。その中で、『それは大変だったね。』と、あなたの気持ちを真剣に受け止めてくれる大人がいたら、その人があなたのことを分かってくれる人、信頼できる大人です。その人が見つかったら、一緒に考えてもらいましょう。」と呼びかけています。さらに、相談機関を紹介し連絡先が掲載された資料を配付するという流れです。

その他の「SOSの出し方教育」のモデルでも、似たような内容となっていて、東京都の教材と同じように三人の大人に相談するように勧められています。しかし、私は、この「少なくとも三人の大人に相談しよう」ということには、違和感を抱きます。

この「三人の大人に相談する」ということは、私の知る限りでは松本（二〇一二）の中で述べられていることです。そこでは、大人が信頼できず友人にしか傷ついている自分自身を見せられない中高生が多い現状に触れた上で、まず友だちのSOSに気づいてほしいと書かれています。そしてSOSに気づいたらその友だちにかかわりを持ち、さらに、大人につないでほしいと呼びかけています。その上で、「三人に一人は信頼できる大人がいる」と述べ、三人の大人に相談するように促しています。つまり、辛い思いをしている子ども本人ではなく、その子どもとつながっている子どもに対して大人に相談するように促しているのです。この場合、辛い思いをしている子ども本人よりは、大人に相談する負担が少ないと思われます。また、大人に相談することは、友達をサポートしている子ども自身を守る意味もあると思います。

それとは違って、「SOSの出し方教育」では、辛い思いをしている子ども本人に対して三人の大人に相談するように求めているわけです。まず子ども本人に負担を強いることになるように感じます。学校で行う「SOSの出し方教育」なのですから、なぜ、「担任の先生に相談してください」「相談担当の先生に相談してください」「スクールカウンセラーに相談してください」などと具体的に相談を促す言葉ではないのか残念に思いました。自信を持って「私（たち）に相談してください」と言ってくれる大人が身近にいることで、子どもたちの安心感も高まるのではないかと思います。

こういったことから、「SOSの出し方教育」として三人の大人に相談するように子どもに求めることは、厳しいようですが、大人の責任の回避のように私には感じられます。学校で行う「SOSの出し方教育」ですから、まずは、学校の教職員が子どものSOSをしっかりと受け止められるようになることが大切なのではないかと思います。そのために、大人がSOSの受け止め方をしっかりと身につけることが、子どもへの「SOSの出し方教育」よりも先行するべきではないかと思います。

また、この後で述べますが、身近な大人が受け止めるという前提なしで、子どもにSOSを出すように求めることは、さらなるリスクにつながる側面があると危惧しています。

九人殺害事件

子どものSOSが大人の悪意によって、大きな被害につながった事件がおこりました。一〇〜二〇代の九人の若者が殺害された殺人事件です。この事件は、二〇一七年一〇月に発覚しました。被害者の中には、被害当時に高校生だった方も含まれていたため、スクールカウンセラーをしていた私自身にとって、非常に身近で差し迫った事件として感じられました。

犯人は、ツイッターに「死にたい」と投稿したアカウントに対して、個別にメッセージを送るなどして、被害者とつながりを持ったとされています（中森、二〇二二）。自殺念慮のある子どもや若者を意図的に狙って、犯行に及んだ非常に悪質な犯罪です。

ツイッターに「死にたい」などと呟くことは、子どものSOSです。身近な大人に訴えられないからこそ、または、訴えたけれどもサポートが得られなかったからこそ、子どもはインターネットの世界にSOSを出してしまうのだと思います。しかし、この事件が明らかにしたように、それは極めて危険なことだったのです。

様々な事情から死にたい気持ちを抱えて苦しんでいる子どもたちは、自死に至るリスクに直面しているばかりではないのです。本当に残念なことなのですが、子どもたちは、大人の悪意によって深刻な被害を受けるリスクにもさらされてしまうのです。そのことが改めて実感され、私は非常に暗い気持ちになりました。

この本では

こういったことから考えていくと、やはり、子どもにSOSを出すように求めることよりも、身近な大人が子どものSOSを受け止めることが大切ではないかと思います。

そこで、まず大人が子どものSOSを受け止められるようになることを目指して、聴き方や受け止め方について書いていこうと思います。最初に、基本的なSOSの受け止め方について説明します。子どもからのSOSは今日にでも、明日にでもあるかもしれないのです。だからこそ、最初に大切なことをお伝えしたいと思います。次に、話を聴くことについて解説していきます。SOSを受け止めるためには、傾聴の優れたスキルが必要だからです。その後で、SOSを受け止める際の難しいポイントについて具体的に解説します。

【文献】

厚生労働省　二〇二一　令和二年版自殺対策白書
https://www.mhlw.go.jp/stf/seisakunitsuite/bunya/hukushi_kaigo/seikatsuhogo/jisatsu/jisatsuhakusyo2020.html

文部科学省　二〇二二　児童生徒の自殺対策について
https://www.mhlw.go.jp/content/12201000/000900898.pdf

内閣府　二〇一五　自殺対策白書（平成二七年版）

厚生労働省　二〇一七　自殺総合対策大綱――誰も自殺に追い込まれることのない社会の実現を目指して
https://www.mhlw.go.jp/stf/seisakunitsuite/bunya/hukushi_kaigo/seikatsuhogo/jisatsu/taikou_h290725.html

東京都教育委員会　二〇二一　「SOSの出し方に関する教育」を推進するための指導資料について
https://www.kyoiku.metro.tokyo.lg.jp/school/content/sos_sing.html

松本俊彦　二〇二二　問題に「気づき」「かかわり」、そして「つなぐ」　松本俊彦（編）　中高生のためのメンタル系サバイバルガイド　こころの科学 Special Issue　日本評論社　二－七頁

中森弘樹　二〇二二　「死にたい」とつぶやく――座間9人殺害事件と親密圏の社会学　慶應義塾大学出版会

目次

第一章
深刻なSOSの受け止め方

子どものＳＯＳは色々な形で表現されます。例えば、朝学校へ行こうとするとおなかが痛くなってしまうというのは、身体症状に現れているＳＯＳです。怒りっぽくなって、ちょっとしたことで暴言や暴力が出てしまうというのも感情面に現れているＳＯＳです。いつまでたってもゲームが止められず、夜遅くなるまでずっとゲームばかりしていることも、行動に現れている一種のＳＯＳだと考えて良いと思います。つまり、子どものＳＯＳは言葉で表現されるとは限らず、身体症状や感情、行動など様々な形で表現されるのです。

言葉で表現されるＳＯＳはどうでしょうか？「学校に行きたくない」「勉強が分からない」「友だちに意地悪される」など、困っていることや辛いことを訴えてくることもあると思います。

こんなふうに子どものＳＯＳは、様々な形で表現されてきますが、それに気づいた大人が子どもの気持ちを受け止めながら、改善について一緒に考えていくことが求められます。

一方、子どもから深刻なＳＯＳが表現されることもあります。例えば、「死にたい」「消えたい」などと子どもが話してくることも子どものＳＯＳです。自殺や自死につながるため、深刻なＳＯＳだと言えます。また、リストカットなどの自傷行為も子どものＳＯＳです。リストカットは「リスカ」などと呼ばれて、中学生や高校生には日常的なものになっている側面もあります。確かに、自傷行為が死に直結する可能性は高くないのですが、長期的に見ると、自死に至ってしまう可能性は自傷行為がない場合の数倍になるとのことです（松本、二〇一五）。

やはり、自傷行為も深刻なＳＯＳだと考えることが必要です。
こういった深刻なＳＯＳの場合も、大人が子どもの気持ちを受け止めながら、改善について一緒に考えていくことが求められます。しかし、大人の側が受け止めきれず、子どもがさらに傷ついてしまうということも生じがちだと思われます。

ＴＡＬＫの原則

ここで、ＴＡＬＫの原則について触れておきたいと思います。ＴＡＬＫの原則とは、自殺の危険があるときの関わり方について、「Tell」「Ask」「Listen」「Keep safe」という単語の頭文字を取って、分かりやすくまとめた言葉です（文部科学省、二〇〇九）。自殺のリスクがあるときには、大人も慌てたり不安になったりして、子どもへの関わり方が不適切になってしまう可能性があります。「ＴＡＬＫ」という頭文字は関わり方の基本を思い出すことに役立つと思います。

Tellとは、「言葉に出して心配していることを伝える」ということです。例えば、「死にたいくらい辛いことがあるのね。とってもあなたのことが心配だわ」と伝えることが大切だということです。ただ、この後の八ページでも触れますが、「心配」という言葉は、子どもによっては、自分を否定されたと捉えられてしまう場合もあります。また、心配をかけたくないと感じている子どもも多い中、自分が大人に負担をかけていると感じる可能性もあります。そのため、「心配」と伝えるよりは、「あなたは大切な存在だ」と伝えることを私はお勧めします。

Askとは、「『死にたい』という気持ちについて率直に尋ねる」ということです（文部科学省、二〇〇九）。例えば、「どんなときに死にたいと思ってしまうの？」と尋ねることが大切だということです。大人も一人の人間ですから、子どもが「死にたい」と話す場合などは、その言葉や気持ちに大人自身が不安を感じるのも自然です。そのため、「死にたい」という気持ちに触れられずに話が終わってしまうこともあります。子どもは、つらい気持ちを受け取ってもらえなかった、自分は見放されたなどと感じて、孤立を深めてしまう可能性があります。率直に、死にたい気持ちについて尋ねることが大切だということです。なお、死にたいと明確に語らない場合も、「もしかして、死にたいとか消えたいと思うことがあるの？」などと尋ねる（Ask）ことも大切です。

Listenとは、「絶望的な気持ちを傾聴する」ということです。「子どもの考えや行動を良し悪しで判断するのではなく、そうならざるを得なかった、それしか思いつかなかった状況を理解しようとすることが必要です。そうすることで、子どもとの信頼関係も強まります。徹底的に聴き役にまわるならば、自殺について話すことは危険ではなく、予防の第一歩になります。」（文部科学省、二〇〇九）とのことです。丁寧に傾聴することが子どもを支えることにつながるのです。

Keep safeとは、「安全を確保する」ということです。「危険と判断したら、まずひとりにしないで寄り添い、他からも適切な援助を求めるようにします。」とのことです（文部科学省、二〇〇九）。話を傾聴する（Listen）中で、自殺のリスクについて判断することが求められます。道具を用意している場合や自殺する日時を決めている場合は、自殺の危険性が高いと考えられます。また、具体的な方法を考えている場合も危険性が高いと言えます。こんなふうに、「死にたい」「消えたい」ということが気持ちの問題ではなく、現実的具体的な事柄とつながっている場合には、自殺のリスクが高いと判断しなくてはなりません。その場合には、そっと見守るのではリスクに対処するには不十分です。大人が常に傍についているようにしたり、道具を預かったりする必要があります。また、子どもの身近な大人や病院・学校などの関係機関などの支援を得て、大人たちが協力しながら子どもの安全を確保することが必要です。

以上のように、必要なときにはＴＡＬＫの原則の頭文字を思い浮かべていただき、子どもに関わっていただきたいと思います。

「死にたい」「消えたい」「自傷した」という訴えがある場合

ＴＡＬＫの原則を踏まえた上で、ここでは、「死にたい」「消えたい」「自傷した」という訴えや言葉で表現があるときの受け止め方について解説します。一般に、子どもから「死にたい」「消えたい」「自傷した」という訴えがあると、「そんなことを言ってはいけない」「死ぬのは良くない」「体を傷つけてはいけない」などと注意したり叱ったりしがちだと思います。このような言葉はある意味正しいのですが、正しいからといって、子どものSOSを受け止めることにはなりません。正しいか、正しくないかではなく、まずは、子どものSOSを受け止めるような関わりをすることが大切です。

そのためには、「話してくれたことに感謝を伝える」「辛さや苦しさに共感する」「子どもを大切に思っている気持ちを率直に伝える」「また話をすることを約束する」「他の人にも助けを求めることを促す」「思いついたこと付け足したいことを聞く」というような関わり方が大切です。そのことについて具体的に解説します。

話してくれたことに感謝を伝える

まずは、「死にたい」という気持ちを話してくれたことに感謝を伝えることが大切です。子どもは、大人になかなか相談することができないものです。深刻な悩みを抱えている場合は特にそうです。「迷惑をかけたくない」などの気持ちから、自分だけで抱え込んでしまいがちです。だからこそ、言葉で「死にたい」「自傷した」などと話してくれたことは、非常に価値があるのです。話してくれたからこそ、関わりを持ち一緒に考えて対処することができます。そこで、まずは話してくれたことについて、罪悪感や申し訳なさを感じてしまわないように、感謝を伝えることが大切です。例えば、「話してくれてありがとう」などと感謝を伝えることがスタートです。

辛さや苦しさに共感する

気持ちに共感することが大切だということは、広く知られるようになってきました。共感は、甘やかしや同情ではなく、相手の存在をありのまま受け止めることなのです。しかし、「死にたい」「消えたい」「自傷した」ということに共感することに抵抗を感じる大人が多いのではないかと思います。例えば、「寂しい」と言われた場合には、「寂しいね」と共感を伝える言葉を返すことは自然です。しかし、「死にたい」と言われたときに、「死にたいんだね」など と言葉を返すことにはためらう人がほとんどだと思います。「死にたい」気持ちを助長してしまうような不安を感じるからだと思います。その不安は必ずしも正しいとは言えませんが、不安を感じることは自然だと思います。そこで、「死にたい」「消えたい」という言葉の背景にある辛さや苦しさへの共感を伝えるような言葉を返すことをお勧めします。例えば、「(死にたいと思うくらい)辛いんだね」「(消えたいくらい)苦しいんだね」などと共感を伝えることが良いと思います。

子どもを大切に思っている気持ちを率直に伝える

子どもから「死にたい」「消えたい」「自傷している」などと聞くと、大人は子どものことが本当に心配になると思います。「あなたのことが心配だ」と言葉にして伝えることが多いかもしれません。子どもも大人が心配してくれていることを理解して、少し安心できるかもしれません。反面、「心配」という言葉から、子どもが「大人に負担や迷惑をかけている」と感じる可能性もあります。この場合、子どもの心理的な負担が大きくなってしまいます。また、子どもは「心配される」イコール「ダメな存在だと思われている」と捉えていることも多いように感じます。子どもが、自己否定を強めたり、大人との距離が開いたりする危険性があります。こういったことから、「心配している」と伝えるよりは、「あなたのことが大切だ」などと、子どもを大切に思っている気持ちを率直に伝えることが良いと思われます。

こちらにできることがあるかどうかを聞く

気持ちに共感してもらえる体験は、子どもたちにとってサポートになると思います。それだけでも、子どもたちは少しずつ良い方向に向かっていけるかもしれません。さらに、可能であれば、より具体的・現実的にサポートできることがあるかどうかを聞いてみるのも良い方法だと思います。

「私に何かしてほしいことはある?」「手助けしてほしいこととか何か思いつく?」などと質問してみることが一つの方法です。もし、子どもから要望が出てきたら、できる範囲で応えることは大切です。

もし、子どもから要望がでてこなかったとしても、できることがあるかどうかを聞いてみることは意味があります。助けようと思っていることが子どもに伝わるからです。

さらに、「考えておいてね」「思いついたら教えてね」と投げかけておくこともできます。後日、「前に、してほしいことがあるかどうか聞いたでしょ、何か思いついたことはある?」と確認することができます。「その後、死にたい気持ちはどうなった?」などとはなかなか聞けないと思います「死にたい」「自傷した」などという訴えを聞いたあとには、大人もどう関わって良いか分からなくなりやすいものです。そのため、子どもへの関わりが少なくなりがちです。そうなると、子どもは、「迷惑をかけている」「見捨てられた」などと不安を募らせてしまう危険性があります。「してほしいことは思いついた?」というのは、何度でも聞きやすいことです。できることがあるかどうかを聞くことは、子どもに関わり続ける一つの手がかりになるのです。

なお、要望をかなえてあげることは甘やかしではないかと大人が迷うこともあります。また、なかなかやってあげられないようなことを子どもが要求してきたり、要望がどんどんエスカレートしてしまう場合もあります。その場合にどのように関わっていくかについては、第一〇章一四四頁の「現実と気持ちを分けて捉える」の項目を参考にしてください。

また話をすることを約束する

一度に長時間話すことは、お互いに疲れてしまいます。また、長時間話したからといって、子どもの辛い思いが解消する訳ではありません。また、長時間かけて説得したとしても、子どもに辛い思いをさせている何かが解決する訳でもありません。そういったことよりも、少しずつ何度も長期にわたって関わり続けることが子どものサポートになります。

そのため、また近いうちに話すことを約束することが大切です。できれば、「次の月曜日の夜に話をしよう」などと、具体的な日時を決めて、約束したいものです。子どもが辛い気持ちを募らせてしまったとしても、その約束を思い出してくれれば、少し持ちこたえられるかもしれません。

他の人にも助けを求めることを促す

「死にたい」「消えたい」「自傷している」と訴えてくる子どもを、大人が一人でサポートし続けることは、負担が非常に大きいものです。子どもの身近な大人や病院やカウンセリングに子どもがつながることは非常に大切です。

特に、医療の力を借りることは重要です。早い段階で、大人が病院を受診してみることを提案することは大切です。ここ数年、精神科や心療内科を受診することは、一般的なことになってきました。受診を提案してみると、子どもがすんなりとそれに応じることも多いと思います。まずは、「お医者さんの力も借りてみた方が良いかもしれない」「お薬の力を借りてみたらどうか？」などと提案してみることが良いと思います。

カウンセラーなどの専門職が子どもをサポートしている場合も同様です。子どもが他の大人とつながってサポートを得られるように促していくことが必要です。

しかし、他の人にも助けを求めることや、病院を受診することに抵抗が強い場合もあります。具体的な提案の仕方やつなげ方については、第七章一〇九頁の「他からのサポートを得るように促す」の項目を参考にしてください。

なお、子どもをサポートしている大人もサポートされることが大切です。子どもをサポートする負担に大人が押しつぶされてしまっては、子どもをサポートすることができません。子どもが受診しない場合でも、サポートする大人が病院を受診して相談してみることも良いと思います。カウンセラーを利用して、どのように関わったらよいか相談することも一つの方法です。なお、専門職が子どもをサポートしている場合も、子どものサポートの仕方について他の専門職にコンサルテーションを受けたり、先輩に相談してスーパービジョンを受けたりするのも大切なことです。

思いついたこと付け足したいことを聞く

子どもと色々と話をして、次回の約束をした後に、言い足りないことがないかを確認することをお勧めします。例えば、「そういえば、あれも言っておかなくちゃとか、付け足したいこととか何かありますか?」「急に思いついたことで関係ないけど言っておこうかなということは何かある?」などと促すと良いと思います。

カウンセリングでは、面接が終了した後に大切なことが語られることがよくあります。カウンセリングの場面が終わることで緊張が緩むため、関連することが頭の中に思い浮かんでくるのではないかと思います。このように促すことは、それと同じような効果をねらっています。こういった働きかけをすると、重要なことが語られることがあります。その場合、次回に詳しく聞かせてほしいと伝えて、そのときは話を聞くことを終わりにするのが良いと思います。話が長くなりすぎることを避け、次回につながるからです。「それは大切な話だから、きちんと聞かせてほしいから、また次に話すときに聞かせてほしいと思うんだけど、それで良いですか？」などと伝えて終わります。

してはいけない対応

①叱ってはいけない

ありがちな対応ですが、「死にたい」と子どもが言ったときに、「そんなこと言ってはいけない」「何をバカなことを言ってるの!!」などと叱ることがあるかもしれません。また、「死ぬことは良くない」「死んでも何も解決しない」などと、倫理的または論理的に自殺を否定することもあるかもしれません。

これらは、子どもを大切に思って言っていることなのですが、子どもは自分自身を否定されたように感じてしまう可能性が高いと考えられます。そのため、これらの言葉は、死につながる気持ちや行動を助長させてしまいます。叱ったりせずに、気持ちを受け止めることが原則です。

②アドバイスはしない

また、子どもの直面している問題を少しでも軽くしてあげようと考えて、色々とアドバイスをすることも多いかもしれません。例えば、友だちとの関係で苦しんでいて「死にたい」と感じてしまっている子どもに対して、友だち関係の改善方法について、「自分から話しかけてみた方が良いよ」「別の友だちから言ってもらったら」などとアドバイスするかもしれません。

こういった働きかけも、死につながる気持ちや行動を助長してしまうリスクがあります。アドバイスというのは、アドバイスを受けた人が実行しなくてはなりません。そのことは、新たな負担になる可能性があります。さらに、実行できなかった場合や実行しても上手くいかなかった場合に、自分自身を責める気持ちが生じがちです。

また、アドバイスされる側に何か足りないところや良くないところがあるからこそ、アドバイスを受けるのです。つまり、どんなに善意でアドバイスをしても、子どもにダメ出しをしている（子どもを否定している）側面がつきまといます。アドバイスをされる毎に、子どもはさらに傷ついている可能性があります。なお、こういった点については、第八章で詳しく解説します。

だからこそ、アドバイスせずに、気持ちを受け止め、できることがあるかどうか聞くことが大切なのです。

③気休めを言わない

また、少しでも気持ちを楽にしてあげようと思って、「大丈夫だよ」「なんとかなるよ」などと声をかけることもあるかもしれません。子どもの年齢が高くなってくると、こういった言葉かけは、ただの気休めに過ぎないと感じることが多くなります。

子どもは「真剣に聞いてくれていない」「適当に流された」と感じてしまう可能性があります。子どもの気持ちに共感することが基本だと思います。

この章のまとめ

「死にたい」「消えたい」「自傷している」などと訴えてくる子どもにどのように関わったら良いか解説しました。関わり方のポイントは色々とあるのですが、一番大切なことは、子どもが自分の訴えを大人がしっかりと受け止めてくれたと感じられることです。それが、子ども自身の生きている意味や価値、生きている実感につながるのだと思います。大人が何を言うかよりも、子どもの話を丁寧に聞くことがなによりも大切なのです。

【文献】

松本俊彦　二〇一五　もしも「死にたい」と言われたら―自殺リスクの評価と対応　中外医学社

文部科学省　二〇〇九　教師が知っておきたい子どもの自殺予防

第二章
自傷行為を知ったときの聴き方・受け止め方

自傷行為というのは、自分の体の一部を意図的に傷つける行為です。手首をカッターなどで傷つけるリストカットがよく知られていますが、その他にも、針などを自分の体に刺す、自分を叩く、噛む、頭を壁にぶつけるなどがあります。

自傷行為は、「耐えがたい苦痛に耐えるための孤独な対処法」（松本（監修）、二〇一八）と言われます。自傷をする子どもたちは、人に悩みを打ち明けたり、人に頼ったりせずに、自分一人だけで苦しい気持ちや辛い気持ちをなんとか乗り切ろうとしているのです。

自傷行為の背景には、辛い状況にあることを人に知られたくないという気持ちや、自分自身の辛い気持ちに直面したくないという気持ちがあります（松本（監修）、二〇一八）。また、自傷を行うと、気持ちがスッキリする、ホッとするなどという感覚が生じることが多いようです。自傷による身体的な痛みによって辛い感情に蓋をして、不快な感情を和らげる効果があると考えられます。自傷行為によって気持ちがスッキリするなどの情報は、友だちからの話やSNS、インターネットの情報から得られることが多いようです。そのため、辛い気持ちを抱えた子どもが、なんとか一人で対処しようとして自傷をするようになると考えられます。

こういったことから、自傷行為は子どものSOSだと捉えることが大切です。反面、大人の助けを得ずに一人で孤独に解決しようとする行動でもあります。つまり、子どもなりの一種の対処方法なのです。まずは、自傷行為というSOSに気づき、子どもと一緒に話し合う関係を作っていくことが求められます。

やめさせようとすること

　ところで、大人は子どもが自傷を行っていると知ると、自傷をなんとかやめさせようとすることが大半だと思います。しかし、それは必ずしも良い変化につながりません。やめさせようとすることは、子どもが必死で行ってきた自傷という対処方法を否定することになります。そのため、子どもは辛い気持ちをさらに募らせてしまうと考えられます。そして、自傷という対処方法を余計に手放せなくなりがちなのです。表面的には見えにくい場所を傷つけるようになり、さらに深い孤独の中で自傷行為を続けてしまう危険性もあります。まずは、自傷をやめさせようとするのではなく、自傷について子どもが安心して話せる関係をつくることが大切です。そして、その後で自傷をやめることを丁寧に話し合っていくことが求められます。

自傷行為を知ったときの関わり方

　子どもが「自傷した」などと話してくれたときには、そのことについて話し合いやすいと思います。しかし、自傷行為の場合は、手首の傷を見つけたことで気づいたり、学校の先生や知り合いなど子どもとつながりのある人から知らされたりすることで分かることが多いと思います。こういった場合、子どもから話を聞いた方が良いかどうか大変迷います。また、話を聞くとしても、声のかけ方にも難しさを感じると思います。まずは、どんなふうに声をかけて話しあっていくかについて考えていきます。

事実を伝えることからスタート

自傷行為を知った場合、まずは「何か悩みでもあるの?」とか「何か困ってることがあるの?」と問いかけてみることも多いかもしれません。子どもから、「実は……。」と悩みが語られるかもしれません。しかし、「別に〜」とか「ないよ」などと、素っ気ない反応が返ってくる可能性も高いと思われます。自傷行為の背景にある辛い気持ちに触れたくない、考えたくないという思いから、悩みや困りごとを考えるのを避けてしまうのだと考えられます。子どもは、自傷行為が知られてしまったと考え、不安な気持ちを募らせるかもしれません。そして、今まで以上に知られてはならないと警戒するようになる可能性もあります。

そこで、まずは事実を伝えることからスタートすることをお勧めします。例えば、学校の先生から電話で知らされた場合には、その事実から伝えます。例えば、「昨日の○○時に、□□先生から電話があって、『あなたがリストカットしている』と保健の先生から聞いたと言っていたよ」などと伝えます。昨日の○○時などと日時を伝えたり、相手の言葉を具体的に伝えたりすることが大切です。勝手に推測して決めつけているわけではないと子どもに伝わるからです。また、手首に傷跡が見えときには、まずは、そのことを伝えます。例えば「さっき、△△をしていたときに、あなたの左手のところに、何かで切ったような傷が見えたんだけど」などと伝えます。

最初から「リストカットしてるんでしょ」などという言い方をすると、大人が決めつけているという印象を与えます。「している」「していない」と押し問答になったり、「うるさい」などと感情的な反応が出てきたりして、それ以上話が進まなくなってしまいがちです。また、いきなり「左腕を見せなさい」などと要求したり腕をつかんだりするのもお勧めできません。やはり押し問答になったり、パッと腕を払いのけて、どこかへ行ってしまう可能性があります。いずれにしても、やり取りが上手くつながらないため、関係そのものが切れてしまいかねません。

手当てをしたかどうかを聞く

前述のように、「さっき、△△をしていたときに、あなたの左手の所に何かで切ったような傷が見えたんだけど」などと事実を伝えた後には、子どもからの反応がどのようなものであっても、手当てをしたかどうかを聞きます。例えば「その傷は、きちんと手当てをしたの？」と聞きます。小さくうなずくなど、手当てをしたという意味の反応があったら、「そうだね。手当てをしておけば少し安心だね」などと返します。首を振るなど、手当てをしていないという反応があったら「手当てをした方が良いよ。」などと伝えます。その後、手当てをしたかどうかに限らず、傷を見せてもらえるように促します。「傷の様子を見させてもらっていいかな？」などと問いかけます。見せることに抵抗がある場合には、一般的には、無理強いしません。家族や養護教諭、医療関係者などの場合は、促した後少しの時間待っても良いと思います。その間に、子どもから少し反応があれば、さらに促して見せてもらいます。もし手当てが必要な状態であれば、すぐに手当てをします。

子どもがほとんど話さない場合など拒否的に思える反応であっても、ここまでは進むことができると思います。そのため、ここまでを最初の関わり方として捉えることが良いのではないかと思います。傷さえ見せてくれない場合には、「あとでもう一回、手当てが必要かどうか自分で傷を見てください。必要なら、自分で手当てしてね。」と伝えます。

手当てという話題は、比較的安心して話せる話題だと思います。それに比べて、自傷行為の詳しい状況やその背景となる心の動きについて話すことは、心理的に大きな負担となる可能性があります。そこで、最初は手当てのような話題を共有して、子どもの話を丁寧に傾聴することが大切です。大人から丁寧に傾聴される体験を通して、子どもが安心して自傷行為について話すことができるようになると期待されます。

ところで、手当てについての話題は、手当てをしたかしないかという単純な内容だけではありません。消毒薬や絆創膏は持っているのか、すぐに取り出せる場所に保管してあるかどうか、事前に手当ての準備をしてから自傷をするのかどうか、なども話題として意味があります。

少し想像してみていただきたいのですが、利き手で反対の手に自傷した場合、手当てはどんなふうにするのでしょうか？　利き手だけで作業をすることになりますが、止血や消毒は、利き手だけでもできそうです。絆創膏を貼る場合は、利き手だけできちんと貼れそうでしょうか？　私の場合ですが、自分が左手にケガをしたとき、利き手の右手だけでは上手に絆創膏を貼れないことがあります。粘着部分同士でくっついてしまって、貼れなくなってしまったり、貼りたい部分とズレてしまったり、シワになってしまいはがれやすくなったりすることが多いように思います。こんなことを思い出すなどして、目の前の子どもはどうなのかを想像してみることは大切なことだと思います。子どもが話してくれる一つ一つの言葉の背景には、その子どものリアルな現実があります。言葉を通して、その現実を想像し、現実の手触りや重さを感じ取ることが大切なのだと思います。

最初の関わりで目指すこと

最初の関わりで目指すことは、子どもが一人で自傷して辛い気持ちに対処しているという事態に丁寧に触れることです。この関わりを通して、子どもが少しでも安心を感じることができれば、自傷行為を話題にすることへの不安が小さくなります。そして、自傷行為の背景にある辛い気持ちやそれを生じさせている現実に、大人のサポートを得ながら対処することにつながっていくからです。

一般的に子どもがケガをした場合には、ケガのいきさつや原因を追求することよりも、ケガの手当てや応急処置、病院受診が優先されます。それは自傷であっても同じことです。まずは、ケガの手当てが大切なのです。それが、適切に行われて、一段落ついたあとで、いきさつや再発防止を考えるものです。同じように、子どもの自傷行為を知ったときにも、まず手当てを優先することが大切です。

ところで、最初に書いたように自傷をやめさせようとすると、子どもは自分自身を否定されているように感じる可能性があります。大人が自傷をやめさせようとするのは、子どもを大切に思う気持ちからなのですが、それが上手く伝わりません。手当てするように促す場合は、大人が子どもを大切に思う気持ちが子どもまでストレートに伝わると思います。だからこそ、最初の関わりとしては、手当てを促すことが大切なのです。

また、松本（二〇一五）では「(半田注：自傷とは）自傷した後に傷のケアをしないこと、自傷してしまったことを信頼できる人に伝えないことも含めて指している言葉であると理解してほしい」と自傷を広い意味で捉えることの大切さが指摘されています。つまり、手当てをしてあげる、手当てをするように促すことは、広い意味での自傷行為が少し変化することでもあります。

こういったことから、手当てをしたかどうかを聞き、そこから関わりを持つことが無理のない現実的な関わり方だと考えられます。それを通して、自傷について安心して話すことができる関係づくりを目指します。

ところで、子どもにとって、自傷行為はあまり人に知られたくない性質のものです。そのため、子ども自身からではない状況で、自傷行為について話すことは非常に難しいと考えられます。坂口（二〇二一）では、自傷行為について話しあいを持てるようになるためには、第一段階として関係づくりの段階を踏まえることが重要だと指摘しています。また、関係づくりの段階は、「自傷行為に囚われないこと、怯えないこと」「過剰に反応しないこと、逆に無関心ではいないこと」が求められると指摘されています。手当てを通して関わりを持つことは、坂口（二〇二一）で指摘されていることと一致すると言えます。

手当てをするように約束する

手当てをしたかどうか聞いた後には、自傷行為をしないように説得し約束したいと思う方も多いと思います。しかし、それはあまりお勧めできません。自傷行為は、辛い気持ちへの対処行動という側面があります。自傷行為をするから辛い現実をなんとか乗り切っているのです。そのため、自傷行為をやめるように言われることは、子どもにとっては自分自身が否定されたという感覚につながる可能性があります。また、自傷行為をやめることを考えるだけで、今この瞬間にも辛い気持ちが襲ってくるように感じられて、不安でたまらなくなってしまう可能性もあります。こういった反応が予想されるため、早い段階で自傷行為をやめるように説得したり約束したりすることは逆効果となる可能性があります。まずは、手当てをするように約束することが無理が少なく、次につながる関わり方だと思います。例えば「もしまた同じような傷ができちゃったら（ケガをしちゃったら）、必ず手当てしてね。」などと促します。さらには、「消毒薬とか絆創膏とかはちゃんと使えるやつがある?」などと、現実的に手当てできる状況かどうか確認します。できれば、「消毒するときとか、絆創膏を貼るときは、手伝うから言ってね」「自分で難しいときは誰かに手当てしてもらってね。」などと、一人で手当てをせず誰かに助けてもらえるように促します。

このように促すことは、松本（二〇一五）で言われているような広い意味で自傷を捉えていて、できるところから変化を引きだすことにつながると考えられます。また、自傷は一人でできる対処方法なのですが、少しだけでも人に頼ることができれば、それは良い変化だと考えられます。手当てを手伝ってもらうように促すことも、大変意味があると考えられます。

なお、手当てをするように約束するためには、その傷が自傷行為によってできたかどうかを明確にする必要はありません。自傷行為かどうかを確認しないまま、同じようなケガをしたら手当てをするように約束することも可能です。ケガをしたら、手当てをするのはごく自然なことなので子どもからも同意が得られやすいと思います。

一方、手当てをすることにも子どもの同意が得られない可能性があります。前述のように促しても、「（手当て）しなくても大丈夫」「どうでもいい」「分からない」「知らない」などという反応が返ってくる場合です。こういった反応があるときには、強く指示して約束することはお勧めしません。言葉では同意しても、心の中では大人に反発したり拒否したりする気持ちが強くなってしまうからです。そこで、この場合は「（私が）手当てしてねって言っていたことは、思い出してね」と促します。これには、ほとんどの場合「まあ」「うん」などという反応が得られます。それに対しては、「良かった。ありがとう。」と言ってやり取りを終えます。

子どもと同意や共通理解が得られること

一般に子どもとのやり取りの結果、同意や共通理解が得られて終えられることは極めて大切です。大人が指示をして、子どもがそれに反発してやり取りが終わることはできれば避けたいものです。その後、子どもが余計に辛い思いをしてしまう可能性があるからです。私たち大人も、そのことを不安に思い、後悔してしまう可能性があります。だからこそ、子どもと同意したり共通理解が得られることを目指して、やり取りを行うことが大切です。同意が得られたら「ありがとう」などと感謝を伝えて終わることができます。

自傷行為についても同じです。こういったやり取りによって、その子どもと大人との間で「手当てをする」という共通の目標ができたことが明確になります。できれば、「自傷ではない良い方法で対処すること」や「辛さの背景にある問題を解決すること」を共通の目標としたいところですが、いきなり本質的なところに関わるのは難しいものです。子どもの抵抗感や不安を助長するからです。だからこそ、同意が得られやすい「手当て」を通して、関係を築いていくのです。

この章では、自傷行為そのものについて話し合っていくことについては、触れておりません。実は、「手当て」について話すことで自傷行為そのものが軽減してくることがあります。

「手当て」をしないことまで含めて、自傷だと捉えられるから（松本、二〇一五）です。その後から自傷行為について話し合っていく方が、大人も子どもも話し合いやすいと思います。そのため、まずは自傷行為ではなく、「手当て」について話し合ってみてください。なお、自傷行為について話し合うことには、様々な難しい側面があります。次の章で考えてみたいと思います。

この章のまとめ

ここでは、自傷行為が分かったときに、どのように関わっていくかについて解説しました。自傷行為をやめるように働きかけても、なかなか良い変化にはつながりません。まずは、手当てをするように促すことが次につながっていく関わりになると考えられます。自傷行為が続いているとしても、手当てすることを思い出しただけでも良い変化です。

【文献】

松本俊彦（監修）二〇一八　自分を傷つけてしまう人のためのレスキューガイド　法研
松本俊彦　二〇一五　もしも「死にたい」と言われたら―自殺リスクの評価と対応　中外医学社
坂口由佳　二〇二一　自傷行為への学校での対応―援助者と当事者の語りから考える　新曜社

第二章

自傷行為への関わり方

前章では、リストカットなどの自傷行為をしている子どもに対して、手当てをするように約束することを通して関わりを持つことをお勧めしました。自傷行為そのものについては、話し合うことが難しい段階でも、手当てについて話すことを通して、自傷について安心して話せる関係づくりを目指すのです。

この章では、子どもとの関係性がある程度深まった段階で、自傷行為そのものについてどのように扱っていけば良いかについて考えていきます。

安心して話し合える関係を保つ

前章でも説明しましたが、自傷行為をやめさせようとすることは、逆効果になりがちです。見えにくいところを自傷するようになったり、関わりそのものが持てなくなったりするリスクがあります。

そうであっても、「自傷行為は良くないことだから、何とか説得してやめさせなくてはならない」といった考えを持っている方もいらっしゃるかもしれません。そういった方は、こんなことを考えてみてください。算数の問題が解けなくて子どもが困っているときに、その問題の答えを大人が教えてあげることは簡単です。しかし、子どもがその問題を解くための力をつけることには全く役立ちません。それと同じで、自傷行為をしてはいけない、やめた方が良いというのは、一種の正解です。しかし、それを教えたところで、子どもが自分で自傷行為がやめられるようにはならないのです。

やめさせようとするのではなく、自傷行為について安心して話し合える関係を保つことが最も重要です。その関係を通して、自傷行為を巡って生じている気持ちや考えが整理されてくると考えられます。そして、少しずつ自傷行為が減ってくるという変化が生じてくることが期待されます。その場合、子どもの心の中に本質的な変化が生じてきて自傷行為を必要としなくなったのだと考えられます。

自傷行為の道具を預かること

カッターなど自傷行為の道具を預かるという対応が行われることがあるようです。道具がなければ、自傷行為をすることができないという理由から預かるのだと思います。一方、前にも書いたように、自傷行為はその子どもが自分一人だけで、自分の辛さに対処しようとしている行動だと捉えられます。道具がないからといって、その辛さがなくなるわけではありませんし、他の良い方法で対処できるわけでもありません。道具を預かるという対応は、問題を単純に捉えすぎている対応ではないかと思います。

子どもによっては、その道具があれば「いざとなったら、自傷できる」と思えることが安心感につながっている場合があります。大きな不安が生じてきたときにも、カッターがあれば、自傷を行うことによってその不安を避けることができるという安心感です。あえて言えば、保険のようなものです。そう考えると、道具を預かるという方法は、さらに子どもを追い込んでしまうリスクがあると考えられます。

一方では、その道具を見るだけで、自傷行為をしたくなってしまうという場合があるかもしれません。その場合は、不安などの不快な感情が背景にあると考えることが大切だと思います。道具を預かることで、当面の自傷を避けるだけでは、その場しのぎ的な対応に終わってしまいます。背景にある、不安に目を向けてそれに触れていくことが一番大切なのです。

こういったことがあるため、道具を預かる方法は単純に良い方法だとは言えません。しかし、道具を預かるということは、大変分かりやすい行動です。それを通して、子どもの心に何が生じているのかを一緒に考えるきっかけにすることはできると思います。

例えば、道具を預かるという方法について、子どもに提案して、子どもから意見を聞いてみることが良い方法だと思われます。「もし、あなたが賛成なら、（自傷行為の）道具を預かるのも一つの方法かもしれないと思うんだけど、どう思う?」などと聞きます。子どもが賛成する場合は、まずは理由を聞いてみます。その理由の中に、その子どもなりの期待や希望が現れているかもしれません。そして、数日から一週間後にやってみてどうだったかについて話し合うことを約束するのです。預かっている間に、気持ちや状況がどんなふうに変化したのかを自分自身でよく観察して報告してもらいます。反対に、拒否的な場合も、まず理由を聞いてみます。その理由の中に、その子どもが置かれている状況の大変さや子ども自身の辛さが見えてくるかもしれません。大変さや辛さを理解して、気持ちを受け止めることが大切だと思います。

自傷行為について傾聴すること

前述したように、やめさせようとするのではなく、自傷行為について安心して話せる関係を保つことが何よりも大切です。そのためには、子どもの話を大人が丁寧に傾聴することがスタートとなります。

しかし、自傷行為について話すことは子どもにとっても話しづらい可能性がありますし、大人にとっても聞きづらい可能性があります。そこで、前の章では、手当てという話題から入ることをお勧めしました。そこをスタートとして、少しずつ自傷行為を巡る子ども自身の心の動きについて話してもらい、それを傾聴することが大切です。

自傷行為について話し合う際には、具体的な事実関係を聞くだけでは不十分です。どのようなことを考えたのかという思考や認知、それに伴ってどのような気持ちが湧いてきたのかという気分や感情についても丁寧に傾聴することが求められます。それを通して、子どもの気持ちをしっかりと受け止め、心をサポートすることが大切です。

例えば以下のようなやり取りができるかもしれません（仮想例）。

★

大人　：どんなときに自傷したくなるの？
子ども：えー、どんなときって言われても…。
大人　：そうだよね。ちょっと、というか、すごくかな、話しづらいかな。
　　　　もしよかったら、言える範囲で教えてくれる？
子ども：えーと、イヤなことがあったときとか…。
大人　：そうか…。イヤなことがあったときなんだね。
　　　　辛い気持ちが湧いてきたりするのかなあ…。
子ども：イヤなことばっかり考えちゃって…、モヤモヤして苦しくなる…。
大人　：モヤモヤして苦しくなるんだね。
子ども：それで、スッキリしたくて、切っちゃうんです。

★

このやり取りでは、認知や思考として「イヤなことばかり考えてしまう」ということや、気分や感情として「モヤモヤして苦しくなる」ということが語られています。しかし、イヤなことを考えるというのが具体的にどういったことなのか明確ではありません。また、モヤモヤして苦しいという感情もまだまだ不明確です。つまり、十分に聞けていません。一回だけで全てを聞いてしまおうとせず、機会を何度も持ちながら、少しずつ具体的に聞いていくことが必要だと思います。

こういった話は、すらすらと語られることは少なく、少しずつ語られることが多いと考えられます。聴く側の大人がドンドンと先に進んでいこうとせず、子どもが自分から話すペースにあわせて傾聴することが大切です。子どもが安心して語ることができる体験を重ねることで、より深く詳しく語れるようになると思います。そのためにも、根掘り葉掘り聞こうとするよりも、子どものペースで話してもらい、それを丁寧に傾聴することが求められます。

行動記録表によるモニタリングについて

自傷行為から少しずつ抜け出していくために、松本（二〇一五）では、行動記録表をつけて一緒に考えて行く方法が紹介されています。毎日、時間毎に区切った表に、誰と何をしたのかを記録し、自分を大事にしない行動（自傷行為）も記録していく方法です。この方法は、自傷行為のきっかけとなるものを発見し、自傷行為に至らない助けとなるものを探すことを目指す方法です。医療やカウンセリングの場で活用するには非常に良い方法だと考えられます。一方、子どもの身近にいる大人が行動記録表を使うように促すことは、慎重に行うべきだと思います。それは、医療やカウンセリングという場で生じる医師やカウンセラーとの関係と日常生活の中で生じる身近な大人との関係が異なるからです。

そもそも、医療やカウンセリングは治療や支援を受けるために、時間と労力と費用をかけて子どもが利用するものです。このことが、行動記録表を活用する土台となっているのです。子ども自身が、自傷行為から抜け出していくことを目指して医療やカウンセリングを利用するからこそ、その一部として行動記録表が活用できるのです。

また、子どもの自傷行為は、子どもの日常生活の中で生じています。しかし、医師やカウンセラーは、子どもの日常生活の場にいるわけではありません。子どもと、どんなに多くても週に一回一時間程度、医療機関やカウンセリングルームで会うだけです。医師やカウンセラーは子どもの日常生活から離れているからこそ、行動記録表を通して子どもの日常に触れていくことが必要なのです。

子どもの立場から考えると、行動記録表をつけるときには、医師やカウンセラーを日常生活の中で思い出すでしょう。子どもが医師やカウンセラーを信頼して支援を受けている場合、その存在を思い出しつつ記録表をつけることによって、子どもにはサポートされている感覚が生まれてくると考えられます。医師やカウンセラーが離れたところにいるからこそ、毎日の生活の中で行動記録表をつけることが意味を持つのです。

こういったことから、子どもの身近な大人が行動記録表を使うよう促すことは、医師やカウンセラーが促すこととは、子どもにとっての意味が違ってきます。しかも、行動記録表は毎日の出来事を記録する物です。子どもによっては、大人が監視・支配しようとしていると捉える可能性もあります。自傷行為から抜け出せない子どもたちは、「管理的・支配的な発言には敏感」（松本、二〇一五）とも言われています。大人が良い方法だと思っても、逆効果になってしまう危険性があると考えられます。

なお、子ども自身がこの行動記録表を使うことに乗り気の場合は、使ってみる価値があります。この場合も、支配や監視にならないように気をつけながら、行動記録表をもとに一緒に考えてみることをお勧めします。

置換スキルを提案すること

子どもが自傷行為を行っている場合、どうしてもやめるように言いたくなるものです。しかし、自傷行為は子ども自身が自分の辛さに対処するための行為です。そのため、やめるように言われても、なかなかやめられないのです。

また、一般的に「〜しない」という提案や目標は実現が難しいと言われています。「〜しない」ということそのものを実行することはできないからです。その行動をしないかわりに、何か別のことをしているはずなのです。「〜しない」と考えるのではなく、それをする代わりの別の行動を考えることが必要なのです。

こういったことから、自傷行為をやめるように働きかけるよりも、自分の辛さに対処するための別の行動をするように促す方が効果的だと考えられます。その別の行動は、自傷行為を別の行動に置き換える（置換する）という意味で、「置換スキル」と呼ばれています。

松本（二〇一五）では、置換スキルを刺激的な置換スキルと鎮静的な置換スキルの二種類に分けています。刺激的な置換スキルは、氷を握りしめる、大声で叫ぶなどの大きな刺激が感じられる方法で、鎮静的な置換スキルは、マインドフルネス呼吸法のように感情そのものを鎮める方法です。そして、刺激的な置換スキルから試してみるように提案しています。ただ、刺激的な置換スキルの辛い感情を弱める働きは少しずつ弱くなっていくと考えられます。これは自傷行為を繰り返すうちにスッキリしなくなるのと同じです。そういう点からも、鎮静的な置換スキルを行うことが大切なのです。しかし、鎮静的な置換スキルを使うためには、練習や慣れが必要なため、まずは刺激的な置換スキルを試してみることが大切だと述べられています。

実際のところ、刺激的な置換スキルを試してみること自体が難しいと言わざるを得ません。自傷行為に気持ちが傾いているときには、辛い気持ちで一杯になっていますから、子どもとしても新しい行動（置換スキル）を試してみるのは難しい面があると言えます。子ども自身もそういったことが分かっているので、大人から置換スキルを提案されても、試してみたいとは思わない可能性も高いと言えます。

まずは、大人の提案を受け入れて試してみようと思ってもらえることが前提となります。例えば、自傷行為をした後に手当てをするようにという提案に対する反応が一つの参考になります。手当てをするようにという大人の提案に対して、子どもが少しでも手当てをするようになっている場合は、置換スキルを提案することができる段階だと思います。

例えば、「自傷する以外にも、何か他の方法で気持ちがスッキリするものがあったら良いよね」と投げかけてみます。子どもの反応を見ながら「自傷しないっていうことじゃなくて、自傷の他にもそういう方法があったら良くない？」などと抵抗感を弱めるような働きかけを付け足すことも良いかもしれません。その上で、「例えば、○○っていう方法でも、少しは気持ちがスッキリするみたいだよ」と提案します。

子どもからは、「えー」とか「無理そう」などという反応が出てくることが普通です。率直に答えてくれたことに対して「率直に、無理そうっていう気持ちを返してくれて、それがすごくありがたいね」などと肯定的に返したいところです。その上で、「じゃあまあ、自傷しないでってことではないけど、私が○○っていう方法をやってみてって言ってたなぁっていうのは、ちょっと思い出してもらえる？　思い出すだけでOKだから。」と提案します。思い出してほしいという提案には、ほとんどの場合肯定的な反応が得られます。

そして、後日、どうだったかについて話を聞きます。そこでは、少しでも提案を思い出したのかどうかを確認します。当然ですが、置換スキルを実行できなかったとしても、わずかでも思い出したとしたら、思い出したことについて肯定的にフィードバックします。「思い出してくれたのがありがたいなあ」「思い出すことそのものが難しいから、それができたっていうのは素晴らしいと思うよ」などと返したいところです。

置換スキルは実行できていないのですが、思い出したこと自体が意味のある変化です。自傷は辛い感情への孤独な対処です。思い出したことは、辛い感情に大人と一緒に対処する状態へのごく小さな変化だと考えられます。小さな変化を肯定的に捉えフィードバックすることは、次の小さな変化につながっていきます。「思い出してくれたとしたら、もしできたら、ちょっとだけでも○○をやってみない？」と提案することができます。「無理」などと反応があっても、「そうだよね。でも、まあ、もし可能ならちょっとだけやってみて、効果があるとかないとか教えてよ」などと投げかけることもできます。

また後日、ほんの少しでも置換スキルを実行したという報告があるとしたら、それは非常に良い展開です。「スッキリしなかったから、その後自傷した」などという報告があるかもしれません。それでも良い展開です。「そうだよねぇ、なかなかスッキリはしないよねぇ」などと子ども自身の感覚を肯定的に受け止めつつ、「でも、やってみてくれたから、スッキリしないことも分かったし、やってみてくれたのがありがたいなあ」などと答えながら、置換スキルについて一緒に考えていくことができたら最高です。

心理的に子どもの傍にいようとすること

自傷行為は、辛い感情に自分一人で孤独に対処しようとする行為だと考えられます。大人が止めようとして働きかけても、子どもが自傷行為に至る場面とは時間的・空間的に離れています。そのため、いくら止めようとしても、その思いが子どもの良い変化につながることは難しいのではないかと思います。反対に、もし子どもが辛いときにこそ、心理的に傍にいることができたら、自傷行為に至るプロセスが少しは変化するのではないかと思います。ただ、心理的に傍にいることは、簡単なことではありません。大人が「傍にいるよ」といくら言っても、それはただの言葉に過ぎません。子どもが大人の存在を自然に思い出してくれたならば、「心理的に傍にいる」ことが少しはできていると考えられます。こういったことから、二七頁や四一頁では、子どもに思い出してもらうような働きかけを紹介しました。

ただ、思い出したときに、子どもが不安や孤独を感じてしまうと、子どもは一層追い詰められてしまうと考えられます。肯定的な感覚とともに大人の存在を思い出してもらえることが重要なのです。そのためには、ぞんざいに関わったり、厳しく関わるのではなく、丁寧に温かく関わり続けることが必要だと思います。その上で、思い出してもらうような働きかけだけではなく、子どもの具体的な体験や現実について詳細に話を聞くことが良い方法ではないかと考えられます。

例えば、カッターを使ってリストカットをしている場合、そのカッターはどうやって手に入れたのか？　いつもはどこに置いているのか？　などを聞かせてもらいます。道具を持ち歩いている場合も多いので、もし、持っていれば見せてもらうことも良いと思います。道具について話すことを通して、子ども自身の気持ちや考えを聞かせてもらいます。道具は子どもによっては、自傷しないときも取り出して手に取って眺めたりすることもあるようです。そのときの気持ちを聞いてみることも子どもの気持ちに触れていく一つの入り口かもしれません。カッターの刃をどの程度出してリストカットするのかを聞くこともあります。実際に、刃を出してみることも良いかもしれません。そのときに生じてくる気分や感情を言葉にして伝えることも意味があると思います。例えば、「カッターの刃が見えるだけで、すごくドキドキしてくるね。」などと大人が自分自身の感覚を言葉で伝えることも一つの関わり方だと思われます。

また、道具だけではなく、どこで自傷するのか？　そこから何が見えるのか？　などといったことを聞くことも意味があると思います。もちろん、ただ聞いただけでは、心理的に子どもの傍にいることはできません。少なくとも、頭の中で想像を巡らしながら、子どもが体験してきたその空間やその時間を、子どもと同じように眺め、体験しようとしながら話を聞かなくてはならないと思います。

こんなふうに丁寧に話を聞くことを通して、自傷するときに見える物や使う物が大人と話をした体験と子どもの心の中でつながります。自傷したくなったときに、それらの物が大人を思い出すきっかけとなるのです。

以上のような関わりは、その子どもに心理的に近づこうとする試みです。ずかずかと土足で踏み込んでいくようなことは厳禁です。その子どもを深く傷つけてしまうリスクがあります。丁寧に温かく近づいていくことが大切なのです。

自傷行為をするときは、その子どもが一番辛い場面です。その一番辛いときを一人でしのごうとして自傷行為に至ってしまうのです。現実には、その場面で子どもの傍にいることはできませんが、話をしているその瞬間には心理的に子どもの傍にいることができると思います。そのことによって、一番辛いときにも大人の存在を思い出してくれることにつながるのではないかというのは、一人の大人としての私の願いです。

また、辛い気持ちが高まってくると、自傷行為で頭の中がいっぱいになって、他のことが考えられなくなってくることも多いようです。もし、そのときに大人と自傷行為の道具やその場面について話したことが、ほんの少しでも思い出されたとしたら、自傷行為に至るプロセスが少しだけ変化したということです。その小さな変化が、次の小さな変化につながっていくのです。

日常生活の中での関わり

それでは、子どもと日常生活をともにしている身近な大人はどのように自傷行為に関わっていくことが良いのでしょうか？　身近な大人は、身近にいるからこそできる関わりがあるのです。

子どもが自傷行為に陥ってしまいそうな場面は、辛さや苦しさ、不安や恐怖などの不快な感情に押しつぶされそうになっているときです。そのときこそ、身近にいる大人が力を貸すことが求められるのです。

自傷行為をしたくなるほど不快な感情が強くなったときには、そのことを自分に教えるように促します。「自傷行為をしたくなった」と伝えてきた場合には、伝えられたことを肯定的に支持します。そして、一緒に話したり、お茶を飲んだり、体を動かしたり、散歩をするなどして、その辛い時間を一緒にやり過ごすのです。叱ったり、感情的になったりせずに、淡々と一緒に時間を過ごすことができると良いと思います。

また、もし自傷してしまった後でも、そのことを自分に教えるように促します。そして、自傷したことを伝えられたときには、自分から伝えられたことを肯定的に支持することが大切です。そして、叱ったり感情的になったりせずに、冷静に手当てをすることが求められます。

こういったことは、子どもの身近にいるからこそできる関わりです。医療やカウンセリングではできないサポートなのです。

なお、自傷行為の前後の記憶がすっかり飛んでしまっている場合やごく常識的な手当てで対応できる範囲ではない自傷の場合には、できるだけ早く医療のケアを受けることも大切です。どのように医療につないでいけばよいかについては、第七章一〇九頁の「他からのサポートを得るように促す」の項目をご参照ください。

それでもなお自傷行為をやめさせたい場合

この章では自傷行為への関わりについて解説してきました。基本的には、自傷行為をやめさせようとせず、辛い気持ちを傾聴してサポートすることが大切です。しかし、それでもなお、自傷行為をやめるように言わなくてはならないと考えている方もいらっしゃるかもしれません。その場合には、考えの背景にあるご自身の気持ちの動きを少しだけ見つめていただきたいと思います。例えば、自傷行為の傷跡を見たり、子どもが自傷行為をしていると考えるだけで、心の中に不安や恐怖などの不快な感情が湧いてくるのかもしれません。この場合、自傷行為をやめさせようとするのではなく、その不快な感情を言葉にして冷静に子どもに伝えてみることも一つの方法です。例えば、「自傷行為をやめなさい」と言うのではなく、「あなたが自傷行為をしていると考えるだけで、すごく怖くなる」と子どもに伝えてみることをお勧めします。

また、どうしてもやめるように言いたい場合にも、「やめなさい」と言うのではなく、言いたい気持ちを言葉として表現してみることをお勧めします。例えば、「やめなさいと言いたい」と言ってみるのです。

こういった方法は、大人が持つ不快な感情を子どもにぶつけてしまうのではなく、大人がきちんと自分の言葉で語るという方法です。残念ながら、こういった方法でも、子どもの心に負担をかけてしまう可能性が高いと思われます。しかし、大人もごく普通の一人の人間です。子どもの自傷行為に直面したときに不快な感情や思いが湧いてくるのもごく自然なことです。その感情や思いをぶつけるのではなく、言葉にして冷静に伝えることは、身近な大人のありのままの姿を伝えることになると思います。それは、子どもにとっても大人にとっても意味があることなのではないかと思います。少なくとも、大人が自分の感情を子どもにぶつけてしまうよりは良い方法だと思います。

なお、こういった伝え方をすると、子どもから反論が返ってくるかもしれません。大人が自分の感情を伝えた場合、「私には関係ない」「私は、やめる方が怖い」などと返ってくるかもしれません。また、「やめなさいと言いたい」と伝えた場合、「言ってもムダ」「言っても良いけど、やめないよ」「言いたくても言わないで」などと反論が返ってくるかもしれません。こういった反論は、子どもの気持ちや考えの率直な表現です。反面、子どもとのやり取りは平行線のようになっていて、自傷行為から抜け出すことにはつながりにくいことが分かります。しかし、子どもが率直に自分の考えを伝えてくれることが素晴らしいことです。そのことに感謝しつつ、気持ちや考えを傾聴し受け止めていくことが大切だと思います。

この章のまとめ

自傷行為はやめさせようとするのではなく、自傷行為について安心して話せる関係を保ち、子どもの話を大人が丁寧に傾聴することが基本です。そして、監視するのではなく、子どもが自分から「自傷しそうだ」「自傷してしまった」などと話してもらい、一緒に対処することが大切なのです。

【文献】

松本俊彦　二〇一五　もしも「死にたい」と言われたら―自殺リスクの評価と対応　中外医学社

第四章

子どもの話を傾聴すること

第三章まで、子どもの深刻なSOSをどのように受け止めたら良いかについて書いてきました。例えば、「死にたい」という訴えがあったときに、まずは、話してくれたことに感謝を伝えることが重要であると説明しました。こんなふうに、SOSを受け止めるためには、具体的な工夫が色々とあります。一方で、今まで紹介してきた関わり方の背景には、子どもの話を傾聴する姿勢があります。傾聴する姿勢があるからこそ、具体的な工夫が意味を持つのです。そこで、この章では、傾聴について書いていきたいと思います。

傾聴への負担感

ところで、傾聴という言葉を聞いて、うんざりした気持ちが湧いてきた人も多いかもしれません。

傾聴の大切さは、もう既にほとんどの人が知っていることです。しかも、「よく聴かなければならない」などと、まるで命令のように多くの人に伝わっているように感じます。また同様に、「自分が話したくても話してはならない」などと、禁止のような考えが広まっているとも感じます。こんなふうに、傾聴とは、「自分が話したくても話さないで、相手の話をよく聴かなければならない」というものになっているように思います。こういったことがあるため、傾聴の大切さは知っていても、うんざりした気持ちを感じることが多いのではないかと思います。

しかし、人の話を傾聴することは、聞く側にとっても肯定的な体験となると私は思っています。また、傾聴することは特別なことではなく、どんな人にもできることだと思います。そして、傾聴することは、禁止や命令によってできるのではなく、意外と自然な方法でできるようになると私は考えています。傾聴への負担が少なくなり、取り組みたいと思えるように工夫して解説したいと思います。

傾聴とは

まず、傾聴とは何かについて、一通り解説します。傾聴は、カウンセリングの基本として極めて重視されていますが、それだけではなく、人間関係を上手く保っていくためにも、重要だと言われています。

一般的に傾聴は、「真剣に聞くこと」「耳を傾けて熱心に聞くこと」という意味で捉えられます。そして、高い水準で傾聴できるためには、受容（無条件の積極的関心）、共感的理解、一致の三つの姿勢を持つことが必要であると言われています（諸富、二〇一〇）。

傾聴の三つの姿勢

まず、諸富（二〇一〇）をもとに、三つの姿勢について説明します。まず、受容（無条件の積極的関心）です。「カウンセラーがクライアントを無条件に、つまり『あなたが〜の場合だけ認めます』といった条件を持たずに、『ああ…こんな気持ちがおありなんですね…』と、『ただそのまま受け止めていく』こと」とまとめられています（諸富、二〇一〇）。相手を批判したり、価値判断したりせず、肯定的に関心を持つという姿勢です。つまり、相手をそのまま受け入れていくという姿勢なのです。

次に、共感的理解について説明します。「クライアントの私的な世界を、その微妙なニュアンスに至るまで、あたかもその人自身になったかのような姿勢で、『あなたが今、感じていることは、〇〇ということでしょうか』と、正確かつていねいに、伝え返し、確かめていくことです。」と述べられています（諸富、二〇一〇）。相手の世界を相手の中から感じ取ろうと努めて、感じ取ったことを伝え返して、確かめていくような姿勢なのです。

最後に一致について説明します。「カウンセラーが、クライアントの話に虚心に耳を傾けながらも、同時に、自分自身の内面にも深く、かつ、ていねいにふれながら、クライアントとともに進んでいく姿勢」とまとめられています（諸富、二〇一〇）。自分自身の心の動きも深く感じ取り、それと言葉や態度を一致させていく姿勢なのだと思います。

こういった姿勢は、話を聴いているプロセスの中で生じているものです。そのため、その場にいる人には感じ取ることができるかもしれませんが、言葉で解説しても十分に表現できるものではありません。詳しく深く説明しようとすればするほど、かえって分かりにくくなってしまう面もあると思われます。そのため、前述の説明を読んでもよく分からないと感じる人が多いと思います。今は、深く分からないままでも問題ありません。次の項目で、感覚をつかんでいけるように解説します。

傾聴は、人と一緒に映画を見ることと同じ

ここで、傾聴について感覚的に捉えてもらえるように一つのたとえ話を紹介いたします。誰かと一緒に映画館に行って映画を見るように話を聞くことが傾聴することなのです。

このイメージを持って傾聴してもらうと、今までよりずっと楽に、ずっと的確な姿勢で相手の話を傾聴することができるようになると私は思っています。

さらに具体的にイメージしてもらうために、以下のようなことを想像してみてください。

★

ある人と一緒に映画館の座席に並んで座っています。そして、スクリーンの方を向いて一緒

に映画を見ています。

でも、その映画は少し特別な映画なのです。あなたの横に座って一緒に映画を見ている人が主人公として登場する映画なのです。しかも、隣に座っているその人が話し手となって話す分だけ、映画のストーリーが進んでいくのです。

つまり、聞き手であるあなたは話し手と一緒に並んで座り、話し手が登場するストーリーを話し手と一緒に眺めながら話し手の語る話を傾聴しているのです。

★

このたとえ話は、傾聴の本質を端的に表していると私は考えています。映画を相手の人と一緒に見ているイメージを持って、相手の話を聞くことができたら、自然と傾聴ができるようになると思います。

映画を一緒に見ることと傾聴の共通点

具体的に解説していきます。例えば、映画では観客が勝手に映画のストーリーを進めていくことはできません。映画のストーリーは、自然に進んでいき、観客はその進行についていくことが大切なのです。傾聴でも同じです。聞き手が話し手の語るストーリーを勝手に進めていくことはできません。話し手が語り、聞き手はそれについていくのです。つまり、映画でも傾聴でも、観客（聞いている側）は、ストーリーが進んでいくことに、ついていくという姿勢で臨んでいるのです。

また、映画では観客がストーリーを変えてしまうことはできません。色々と気になることがあったとしても、ストーリーをそのまま受け入れることが映画を楽しむためには必要です。傾聴も同じです。話し手のストーリーを聞き手が変えてしまうことはできません。人には人それぞれの歴史や進んでいこうとする道筋があります。それは、良い悪い、正しい正しくない、好き嫌いとは関係なく、話し手の一人ひとりの人としての生き方なのです。聞き手がそれを評価・判断して変えてしまうことは基本的にできないのです。つまり、映画でも傾聴でも、観客（聞いている側）は、ストーリーを批判したり、変えたりしようとせず受け止める姿勢で臨んでいるのです。

また、小さなことかもしれませんが、映画を見るときには、おしゃべりはマナー違反です。映画を見て心を動かされると、その気持ちを話したくなるものです。でも、その場でおしゃべりをすると、映画のストーリーが分からなくなってしまいます。また、映画の臨場感を台無しにして、ストーリーを深く感じ取ることの邪魔になります。傾聴も同じです。話の内容とどんなに関係のある話であっても、途中で聞き手が話してしまうことは、ストーリーが分からなくなってしまう可能性があり、深く感じ取ることを妨げてしまいます。つまり、映画でも傾聴でも、観客（聞いている側）は、自分が話したくなっても、自分は話さないで、ストーリーについていき、受け止める姿勢で臨んでいるのです。

映画を見ることと傾聴の三つの姿勢

ここで、映画を一緒に見ることと傾聴の三つの姿勢を比較してみたいと思います。まず、映画のストーリーは変えることができません。観客は、ストーリーをそのまま受け入れながら映画を鑑賞するのです。映画を「ここはおかしい」、「ここは間違っている」、「これは変だ」などと批判的な姿勢で見てしまうと、せっかくの映画を楽しんだり味わったりすることが難しくなります。このことは、傾聴の一つ目の姿勢である受容（無条件の積極的関心）と共通しています。批判したり、善し悪しを判断せずにそのまま受け入れるからこそ、その世界やストーリーを感じ取ることができるのです。

また、映画を見ていると知らず知らずのうちに映画の主人公の気持ちが自然と感じられるような経験をすることが多いと思います。主人公の姿は映像に現れています。また、気持ちや考えは、台詞やナレーションとして観客に伝わってきます。それらを通して、観客は一喜一憂しながら、主人公に自然に共感して主人公の気持ちをリアルに体験することになります。こういった気持ちの動きは、主人公のものでありながら、観客一人ひとりのものでもあります。そう考えると、映画を見る中で生じてくる気持ちの動きは、傾聴の姿勢の一つ共感的理解と共通していると考えられます。

反面、映画を見ているときには、映画の主人公はどこまでいっても映画の主人公だと感じられます。自分自身の気持ちや考え方が失われてしまうわけではありません。映画の世界を味わいながらも、自分自身の感じていることもていねいに感じ取ることができたら、深い体験へとつながります。これは、傾聴のときに大切にされている「一致」という姿勢と共通すると考えられます。

傾聴は聞く側にも肯定的な体験となる

ところで、カウンセラーではない人から、「辛い話を聞いていると自分が辛くならないですか？」などと質問されることがあります。確かに、辛い話を傾聴すると、聞く側も辛い気持ちでいっぱいになってしまうことがあります。辛い気持ちになる可能性があるとしたら、傾聴が大切だと知っていても、人の話を傾聴しようとは思わないかもしれません。しかし、人の話を傾聴することは、聞く側にも肯定的な体験となる可能性があります。このことも、映画のたとえ話を通して説明することができます。

映画には様々な種類の映画があります。ハッピーエンドになる映画ばかりではありません。主人公に不幸な結末が訪れる映画もたくさんあります。しかし、そういう映画であっても、時間をかけてわざわざ料金まで支払って、多くの人がその映画を見に行きます。

つまり映画の場合、ハッピーエンドではないから見る価値のない映画だということはありません。辛い話の映画でも、主人公のストーリーから、人間のすばらしさや人生の豊さを感じ取ることができるものです。だからこそ、多くの人が映画を見に行くのだと思います。

傾聴でも同じです。どんなに辛い話であっても、話し手は努力したり工夫したりして辛い状況を切り抜けて、今ここで話をしているのです。そして、これからも辛い状況を切り抜けようとしているのです。そのストーリーを聞かせてもらう中で、聞き手は、人間のすばらしさや人生の豊かさを改めて感じることも多いものです。だからこそ、人の辛い話を傾聴することは、必ずしも辛いことではないのです。むしろ、充実した体験となりうるのです。

この章のまとめ

この章では、「傾聴することは、人と一緒に映画を見るようなものだ」というたとえ話を通して、傾聴することについて考えてみました。どんな人でも一度は映画を見たことがあると思います。話し手の語る分だけストーリーが進んでいく映画を一緒に見ることが傾聴なのです。こんなふうに、一緒に映画を見ているような姿勢で話を聞くことができたら、自然と傾聴できるようになるのではないかと思います。

【文献】

諸富祥彦　二〇一〇　はじめてのカウンセリング入門―ほんものの傾聴を学ぶ（下）　誠信書房

第五章

ともに眺める関係

前の章で、傾聴することは、人と一緒に映画を見るようなものだとお伝えしました。傾聴とは、「聴き手が話したくても話さないで、話し手の話をよく聴かなければならない」という、性質のものではなく、語られるストーリーを話し手と一緒に眺めながら、話し手の話についていくことなのです。そして、人と一緒に映画を見るような姿勢で傾聴することは、傾聴にとって重要だといわれている、受容（無条件の積極的関心）、共感的理解、一致という三つの姿勢と共通すると考えられます。

この章では、傾聴とは人と一緒に映画を見るようなものだ、というたとえ話から、傾聴することについてさらにいくつかのポイントをお話しします。

主人公が登場しないストーリー

実は、人と一緒に映画を見るときと、人の話を傾聴するときには、大きく異なっている点があります。それは、主人公が登場するかどうかです。映画には、ほぼ必ず主人公が登場します。スピンオフやサイドストーリーの映画では、本編の主人公は登場しないことがあります。しかし、その作品の主人公は必ず存在し、登場してきます。そういう意味で、映画には必ず主人公が登場してくるのです。

しかし、人の話を傾聴するときには、語られるストーリーの中に主人公が登場しないことがあります。それは私の経験上、極めて多いように思います。主人公が登場しないストーリーというのは、不思議かもしれませんが、例えば、こういうことです。

いじめを受けている子ども（A）が、そのことを話してくれた場合を考えてみます。その子は、毎日、学校の休み時間に、同じクラスの男子（B）から悪口や嫌がらせを受けていました。そして、こんな話をしてくれるのです。

★

Bは、いっつも授業が終わって休み時間になったら、すぐにどっかへ行くんだけど、そのときに、バンバンって僕の机を叩いたり、蹴ったりするんです。その後、帰ってきたときも、おんなじようにバンバン机を叩いたり蹴ったりして通っていくんです。席に着いたら、笑いながらこっちを見て、変なポーズをしながらにらんでくるんです。他にも、いっつも「バーカ」とか言ってきます。先生に「うるさいよ」とか「その言い方はダメだよ」とか、注意されることもあるんですけど、そしたら「はーい」とか返事をして、それだけです。また、すぐに笑いながらにらんできたり、悪口を言ってきたりするんです。

★

この例は仮想例ですが、こういったことが実際にあったとしたら、深刻ないじめだと判断されるでしょう。いじめの事例だと考えると、主人公は、いじめる側かいじめられる側か迷うかもしれません。しかし、このストーリーは、Aが話しているのです。つまり、このストーリーの主人公は、話をしているAのはずです。決して、いじめている側のBではありません。にもかかわらず、話に登場してくるのはBばかりです。例えば、バンバン机をたたいてくるのはBです。また、笑いながら見てきて、変なポーズをするのもBです。「バーカ」と言ってくるのもBです。反対に、Aはこの話の中にほぼ全く登場してこないのです。しかし、話をしているAこそ、主人公であるのは間違いないことです。絶対に間違ってはならない点だと言えます。

ところで、もし同じストーリーでAが主人公として映画が作成されたとしたら、おそらくAの様子や表情がスクリーンに映し出されているはずです。Aのつぶやきが音声として流れてくるかもしれません。また、Aの心の中の声がナレーションとして語られる場合もあると思います。例えば、先生が「うるさいよ」と注意する場面では、Aの顔がアップになっていて、先生の注意やBの「はーい」という反応は、二人の声だけが聞こえてくるようなシーンになっているかもしれません。スクリーンに映し出されたAの表情から、Aの感情や気持ちは観客に自然と伝わっていくのではないかと思います。

こんなふうに、映画であれば主人公はしっかりと登場してくるのです。そして、自然に主人公の気持ちや考え、人となりが伝わってきます。一方、話を傾聴する場合には、主人公が登場しないため、相手役や脇役に自然と焦点が当たってしまうかもしれません。しかし、話し手の語るストーリーの中で、他の登場人物について詳しく語られたとしても、主人公は話し手です。そのストーリーの中で、話し手（主人公）はどんな行動をしたのか、どんな言葉を発したのか、心の中ではどんな気持ちや感情が動いていたのか、など話し手自身のことに注目しながら話を聞いていくことが大切なのです。

ただし、気持ちや考えなど話し手自身のことを一つ一つ確認したり質問したりしながら話を聞いていくことは、必ずしもお勧めできません。話し手のストーリーが自然に進んでいくのを邪魔してしまうからです。しかし、印象深いエピソードや何度も同じようなエピソードが語られる場合には、話し手自身のことについて質問を投げかけてみるのも良いのではないかと思います。それをきっかけにして、話し手自身の気持ちや行動がしっかりと語られるようになることも多いと感じます。

しかし、話し手自身のことに話題を向けたとしても、上手く語られないこともあります。例えば、「そのときって、あなたはどんな気持ちだったの？」と投げかけても、「気持ちっていうより、○○さんは…なんですよ！」などと、自分自身以外のことに焦点が戻ってしまうのです。こういった場合、自分自身が自分のストーリーの主人公になれないという苦しい状況にいるのかもしれません。その苦しさや大変さに思いを寄せながらも、聞き手は主人公（話し手）に注目しながら主人公の登場を楽しみに待つ姿勢で話を聞いていくことが大切だと思います。

ともに眺める関係

今まで書いてきたように、傾聴することと、人と一緒に映画を見ることは多くの点で共通しています。実は、映画を誰かと一緒に見るときにも、人の話を傾聴しているときにも、相手との間には、同様の関係性が生じていると考えられます。ここではそれを「ともに眺める関係」と呼びたいと思います。同じ何かを一緒に眺めて、それを共有し、それについて話し合うことを通して、情緒的な交流が生じるのです。

この関係は、カウンセリングにおいて、極めて重視されている関係です。例えば、神田橋（一九九〇）は、対話精神療法（カウンセリング）では、治療者とクライエントが、テーマについて眺め語る関係を保つことが大切であると指摘しています。また、「ともに眺めること」（北山、二〇〇一）、「一緒に見ること」（熊倉、二〇〇二）などという表現で同様のことが指摘されています。熊倉（二〇〇二）では、「一緒に見ること」について、「結局、面接者の究極的技法とは、ここに行き着くのではないかと思う。」と述べられています。つまり、カウンセリングでは、「ともに眺める関係」を保ちつつ、一緒に話し合っていくのです。

感情をぶつける—ぶつけられる関係

ともに眺める関係について、さらに深く理解していただくために、次のような場面を想像してみてください（仮想例）。

★

中学校二年生のCが、イライラしたような表情で近づいてきました。あなたと目が合うと「殴るぞ！」と言ってきました。あなたが「やめて！」と注意すると、さらに、「バーカ！」と言葉を重ねてきました。「それも、よくない言い方だよね」と言おうとすると、言い終わらないうちに「ウザイ、ウザイ、ウザイ！」と言いながら両手で耳を押さえて、立ち去ってしまいました。

★

こういった場合の子どもとのやりとりは、ともに眺める関係だと言って良いでしょうか？Cは「殴るぞ！」と言ってきましたが、自分自身の怒りの感情をただ単にぶつけてきているだけで、表現ではなく暴言でしかありません。つまり、言葉の暴力です。また、次の「バーカ」という言葉には、イライラした気持ちや怒りの感情が含まれていて、それをぶつけてきているのです。自分自身を言葉で表現したとは、言えません。やはり、言葉の暴力でしかありません。Cは自分自身を言葉で表現することができていません。表現されていないのですから、自分自身を自分で眺めることもできていないのです。

こちらからの言葉も、Cの暴力に反応し、暴力をやめさせようとしている言葉だと考えられます。Cのストーリーをともに眺めようとする姿勢ではありません。感情をぶつけられることを避けようとしているのです。つまり、ここで生じている関係は「ともに眺める関係」ではなく、「感情をぶつける―ぶつけられる関係」と呼ぶことができると思います。

なお、暴力を向けられたときにそれを避けようとすることはごく自然なことで、大人も自分自身の安心安全を確保するのは大切なことです。その反応が悪いというわけではありません。ともに眺める関係ではないやりとりを分かりやすく説明するために例示しています。

結局、二人のやりとりはうまくかみ合わず、すれ違いになって終わっています。こんなふうに、子どもから大人に暴言が向けられたときには、細かな違いはあっても、すれ違ったままやりとりが終わってしまうことが多いのではないかと思います。

自分自身について語ることができる場合

では、もしCがこんなふうに、関わってきたらいかがでしょうか？

中学校二年生のCが、イライラしたような表情で近づいてきました。そして、あなたに向かって「なんか、殴りたいような気持ちなんだよ」と言ってきました。あなたが、驚いた表情で「何かあったの？」と返すと、「ほんとにウザイんです」と言葉を返してきました。「よっぽど腹が立つんだね」と言った途端、「あいつが…してきて」と直前にあった出来事を話し、「本当に腹が立つんだよね」と話してくれました。

このやりとりでは、Cは、まず「殴りたくなってくるんだよ」と自分自身の気持ちについて語っています。そして、「あいつが…」と直前の出来事を説明してくれたのです。つまり、自分自身に降りかかってきた出来事をストーリーとして語ろうとしているのです。ここではともに眺める関係が生じていると考えられます。さらに、「本当に腹が立つ」とC自身の気持ちを語っています。Cが主人公として登場してくるようなストーリーが語られているのです。

ともに眺める関係では、子どもは自分自身や自分の感情について語ることができています。それは、感情や自分自身を相手にぶつけることとは違うのです。自分自身について、あるいは自分の感情について語ることができるからこそ、大人と一緒に、自分自身を眺め、自分自身について考えることができるのです。

感情をぶつけてくる場合の関わり方

では、子どもが自分自身や自分の感情をぶつけてくる場合に、大人はどのように関わっていけばよいでしょうか?

前に書いたように、暴言や暴力を向けられたときには、まずは大人であっても自分自身の安心安全を確保することが大切です。それができない場合には、子どもに安定して関われないからです。

安心安全が確保できる場合には、その子ども自身の様子や子ども自身の感情について穏やかに言葉として表現してみることをおすすめします。例えば、Cが「殴るぞ!」と暴言をぶつけたときには、「激しいね」とか、「腹が立ってるんだね」などとC自身の様子や感情について、言葉として穏やかに表現してみるのも一つの方法です。もしかすると、Cがそれに応じて、自分自身や自分の感情について語ってくれるかもしれません。

例えば、Cが「腹が立ってるに決まってるだろ!」と強い口調で言い返してくる場合もあると思います。強い口調で言い返してくることは、まだまだ暴言と言って良い状況です。しかし、言葉の内容そのものはC自身の内面が表現されています。少しは意味があるやりとりに近づいたと考えることができます。さらに、「本当に腹が立ってるんだね」とC自身に焦点を当てた上で、「よっぽど何かあったの？」と、状況について聞いてみることもできます。Cの怒りの元となった出来事について話してくれる可能性があります。さらに詳しく、Cから話を聞くことができるかもしれません。その場合、Cと「ともに眺める関係」を作り、Cが主人公として登場するストーリーを聞くことができると考えられます。

しかし、こういったやり取りにならない場合も多いと思います。私の体験上、ただのすれ違いになってしまって、「ウザイ、ウザイ、ウザイ！」などと言いながら立ち去ってしまう可能性もあります。こういった場合に、子どもに関わり続けても、お互いの安心安全が脅かされてしまうので、深入りはおすすめいたしません。基本的には、また次の機会に関わりを持つことをおすすめします。

この章のまとめ

子どもの話を聞くときには、子どもが主人公として登場してくるストーリーを聞くことが基本です。そして、「ともに眺める関係」を保ちながら話を聞きます。相手や状況について語られる場合には、話し手の子どもが何をして、どのような気持ちでいたのかに注目しながら、話を聞きます。そして、子どもが自分自身の感情をぶつけるのではなく、感情について語れるように促していくことが大切なのです。

【文献】

神田橋條治　一九九〇　精神療法面接のコツ　岩崎学術出版社
北山修　二〇〇一　幻滅論　みすず書房
熊倉伸宏　二〇〇二　面接法　新興医学出版社

第六章

認知行動療法の枠組みを活用して子どもの話を傾聴することを考える

前章、前々章を読んでいただいて、話を聞くときには、映画を一緒に見るような関係を保つことが大切だとわかっていただけたと思います。それは、傾聴するときの姿勢や態度だと考えられます。しかし、子どもの話を聞くときに、具体的にどのようにしたら良いのかはまだ明確ではありません。そこでこの章では、具体的な子どもの話をもとに、認知行動療法のモデルを活用しながら考えていこうと思います。

クラスで無視されていると訴える中一女子の話から

Dは、中学一年生の女子です。二学期の中頃から頭痛や腹痛を訴えて保健室を利用することが多くなりました。腹痛のため保健室で休んでいるときに、養護教諭が話を聴こうとして話しかけると、涙を浮かべながら、少しずつ話し始めました（仮想例）。

★

D　クラスで…。もうホントにダメなんです…。
養護教諭　なにか全然ダメなんだね…。どんなことで、全然ダメなんだろう…？
D　実は…。クラスで、いじめっていうか…。なんか、みんなが無視してくるんです。こっちをチラチラ、こっそり見てくるんです。でも、目が合うとパッと目をそらして、無視するんです。もう全然、誰も話しかけてくれないし、みんなから完全に無視されてるんです。（間）私なんか、もともとみんなに嫌われているし、いなくなった方がいいんです。

★

こういった訴えも、子どものSOSだと考えられます。話した後にスッキリして元気を取り戻すことができるかもしれませんが、深刻なSOSの可能性もあります。この段階で区別することは難しいと思います。まずは、丁寧に傾聴して、子どもの気持ちを受け止めることが大切だと思います。

まず、考えてみてほしいことがあります。ご自身が、この話を聴いたときに、どんなことを知りたいと思うでしょうか？　Dは、話を始めたばかりなので、まだ分からないことばかりです。ご自身が話を聞いているとしたら、何を知りたいと思うのか具体的に考えてみてください。

箇条書きで構いませんので、書き留めてください。相手に興味関心を持って話を聴くことは、傾聴の基本です。正解不正解はありません。こんなことを知りたいと思ってはいけないということもありません。ぜひ一つか二つではなく、五つ程度の知りたいことを書き留めてみてください。

認知行動療法の枠組みから考える

ここで、Dの話を丁寧に聞いていくために、認知行動療法の枠組みを活用してみたいと思います。認知行動療法は、心理的な不調への対処から精神疾患の治療まで、幅広い心理支援に活用されている心理療法（カウンセリング）の方法です。認知行動療法の基本的枠組みは、下の図2に表現されています。

図2には、出来事・状況という環境と、認知・思考、気分・感情、行動、身体反応という個人が、お互いに影響し合っていることが表現されています。

個人内には、四つの要素があると捉えられます。その四つの要素について簡単に説明します。

まず、認知・思考とは、捉え方や考え方のことで

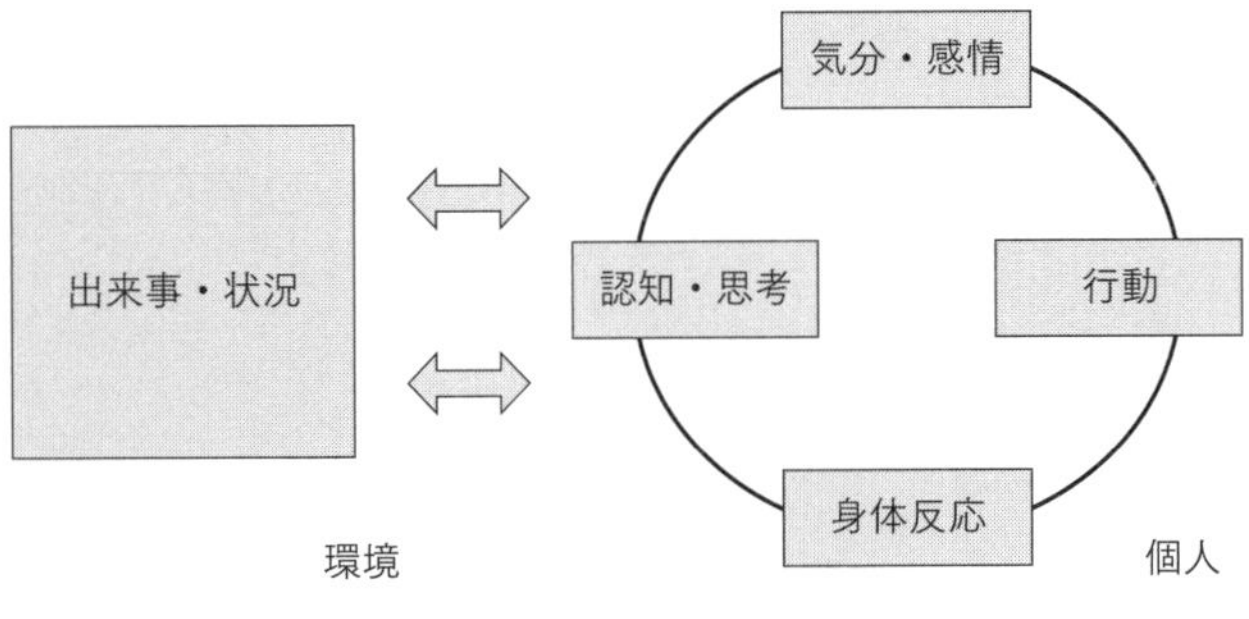

図２　認知行動療法の基本的枠組み　（伊藤，2017，p52）

す。例えば、「算数の勉強は役に立つ」という言葉には、認知・思考が表現されています。気分・感情とは、イライラ、怒り、落ち込み、喜びなどの気持ちが該当します。例えば、「算数の勉強は好きだ」という言葉には、感情が表現されています。行動は、したこと、やったことです。例えば、「算数の問題を一つ解いた」という言葉には、行動が表現されています。身体反応は、心拍や体温などの体の状態や頭痛や腹痛などの身体症状を指します。例えば「頭に血がのぼる」という言葉には、身体反応が表現されています。

ここで、前述のDの話が、この認知行動療法の枠組みのどの要素に当てはまるのかについて考えてみたいと思います。読者の皆様自身で考えてみてください。次の表に、Dの言葉を八つに区切ってあります。一つ一つについて、表現されていることが「出来事・状況」「認知・思考」「気分・感情」「行動」「身体反応」のどれに分類できるのかを考えてみてください。

		分類
①	実は、…。クラスで、いじめっていうか…。	
②	なんか、みんなが無視してくるんです。	
③	こっちをチラチラ、こっそり見てくるんです。	
④	でも、目が合うとパッと目をそらして、無視するんです。	
⑤	もう全然、誰も話しかけてくれないし、	

⑥	みんなから完全に無視されてるんです。
⑦	私なんか、もともとみんなに嫌われているし、
⑧	いなくなった方がいいんです。

実は、全て「認知・思考」に分類されると考えると良いと思います。最初に、⑥の文「みんなから完全に無視されてるんです。」という文から考えてみます。

その文は、「みんな」という言葉から始まっています。話がそれるようですが、こんなことを考えてみてください。ある小学生の男の子が母親に「スマホ買って！」とねだっています。母親が、「何でスマホがほしいの？」と聞くと、男の子は「みんな持ってるから」と答えています。母親がさらに「みんなって、誰？」と聞くと、男の子は「○○君と□□君、それから△△君でしょ…」とのことです。母親が「他には？」と聞くと、男の子は「うーん…。分からない」という返事です。つまり、男の子が「みんな」と言ったのは、現実として「全員」という意味ではないのです。「みんな持っている」と自分が思ったことが言葉になっています。つまり、「みんな」という言葉は、その男の子がそう捉えた（考えた）ことなのです。だから「みんな」という言葉は「認知・思考」に分類して捉えると良いと思います。

同じように、Dの⑥の文にある「みんな」という言葉も「認知・思考」に分類されるのです。また、「完全に」という言葉も、Dが「完全に」と捉えたということです。そのため、「完全に」も「認知・思考」に分類されます。「無視」という言葉も認知・思考に分類されます。何らかの状況について、Aが「無視」だと捉えたわけです。例えば、「Dがある生徒に挨拶をしたのに、挨拶が返ってこなかった」という状況が生じたとします。これは、一つの事実だと言えます。この事実について、「聞こえなかったのかもしれない」と捉えることも、「無視された」と捉えることもできるわけです。そのため、「無視」は一つの捉え方ですから「認知・思考」に分類されます。つまり、「みんなから完全に無視されてるんです」という言葉は「クラスの生徒全員が無視をする」という「出来事・状況」が表現されているというよりも、D自身の捉え方が強く出ている言葉なのです。

次に①の文を見てみます。①の文は、明確な文章になっていませんが、クラスでいじめられているという意味なのだと思われます。「いじめ」という言葉については、さきほどの「無視」と同じことが言えます。何らかの状況について、Dが「いじめ」だと捉えたと分かります。つまり、この①の文は、「出来事・状況」ではなく、「認知・思考」に分類することが適切だと言えます。

②以降の文でも、認知・思考に当てはまる言葉がたくさんあります。順に見ていきます。②の文では、「みんな」「無視」、③の文では、「チラチラ」「こっそり」、④の文では、「パッと」「無視」、⑤の文では「もう全然」「だれも」、⑦の文では、「もともと」「みんなに」という言葉が認知・思考にあたります。どの文でも、「出来事・状況」が表現されているというよりは、

A自身の捉え方が強く出ていると考えられます。そのため、ここでは「認知・思考」に分類する方が適切だと思います。

ところで、⑧の文では、「いなくなった方が良い」という言葉から、落ち込んだ気持ちや傷ついた気持ちを感じ取る方も多いかもしれません。そのため、「感情」に分類されることも多いと思います。一方、感情とは、怒りや悲しさ、喜びなどです。Dは、辛いのかもしれませんし、寂しいのかもしれません。しかし、今の言い方では、それはハッキリと分からないのです。つまり「いなくなった方が良い」という言葉の背景には、マイナスの感情が感じ取られますが、その言葉自体は、Dの捉え方や考え方が表現されていて、どのような感情が生じているかについては表現されていません。そのため、⑧の文も「認知・思考」なのです。先に書いたDの言葉には含まれていませんが、もしDが「(私は)本当に辛いんです。」と言った場合には、その言葉は「感情」に分類することができます。

なお、Dについての状況説明では、頭痛や腹痛があると書かれています。これは、「身体反応」に分類できます。また、Dは、最初に「クラスで…。もうホントにダメなんです…。」と話しています。これも自分自身、あるいは状況についての捉え方なので、「認知・思考」に分類されます。

こういったことから、Dは、自分の認知・思考については話していますが、自分自身の気分・感情や行動、身体の反応については、話していないと考えることができます。第五章で説明したように、子どもの話を傾聴するためには、語られるストーリーの中に主人公であるD自身に登場してもらうことが大切なのです。そして、こちらもDを理解することが大切なのです。しかし、前の例では、主人公であるDは自分の捉え方や考え方しか話していないため、Dのことをまだまだ理解できているとは言えないのです。

Dについて知りたいこと

以上のように、Dは、自分の捉え方や考え方（認知・思考）についてはある程度話してくれているのですが、それ以外はほとんど語られていないことが分かりました。ここで、最初に書いていただいた、Dについて知りたいことを見ながら考えていきたいと思います。

まずは知りたいこととして書き留めたことを分類してみてください。分類の観点は、前述の認知行動療法の枠組みを活用します。「気分・感情」「認知・思考」「身体反応」「行動」の四つに分類してみてください。いかがでしょうか？

できれば、全ての分類についてまんべんなく知りたいことがあると良いのではないかと思います。また、子どもの話を傾聴するためには、「環境」ではなく「個人」つまりD自身のことについて知りたいことがたくさんあると良いと思います。「ともに眺める関係」を保つためには、D自身に主人公として登場してもらうことが大切です。そのため認知行動療法の枠組みで言えば「個人」について知りたいことがたくさんあるのが大切です。もし、少なかった項目があった場合には、知りたいことが増えるように少し時間を取って考えてみてください。

以下に、D自身のことについて、知りたいことの例を少しだけ挙げておきます。もちろん、他にもたくさんあると思いますので、次の例は一つの参考になさってください。

気分・感情	目が合ったときに、どんな気分・感情が生じたか？ 目をそらされたときに、どんな気分・感情が生じたか？ 今話していて、どんな気分・感情が湧いてきたか？
認知・思考	少しは良いときはどんなときか？ 頭痛や腹痛といじめられているという状況は関係があるか？
身体反応	頭痛や腹痛は特にどこが痛いか？ 頭痛や腹痛は、どんなふうな痛みがあるのか？ 今話していて、頭痛や腹痛はどうか？
行　動	目をそらされた後に、どうしているか（どんな行動をするか）？ 自分なりに何か対処行動をしたか？

こんなふうに、D自身のことについて、色々と疑問を持てることは大切だと思います。しかし、疑問を持ったことを質問すれば良いというわけではありません。Dの話を傾聴するためには、Dと一緒にDの登場する映画を眺めるように、Dの話を聴くことが大切なのです。Dによって語られるストーリーの邪魔をせず、Dのペースで話していけるように聴くことが大切で

す。そのため、疑問をたくさん持ちつつ、Dによって語られるストーリーについていくことが大切だと言えます。

子どもの感情に注目することが大切

Dとのやり取りは、仮想例です。しかし、子どもたちは、この仮想例のように、自分自身の認知・思考ばかりを話すことが非常に多いように感じます。つまり、苦しい、辛い、不安、孤独などの不快な感情が生じていると思われる場合でも、自分自身の感情を言葉として表現しない子どもに非常によく出会うのです。

大河原（二〇一五）は、不快な感情が社会化されていないことが、子どもの様々な問題行動や症状につながっていると指摘しています。不快な感情が社会化されることを通して、自分自身の感情と上手く付き合うことができるようになると考えられます。不快な感情の社会化とは、不快な感情が承認され、言語化されることを意味しています。仮想例のDも、自分自身の感情そのものを言葉として表現できていません。もしかすると、自分自身でも自分の不快な感情に気づいていないかもしれません。気づいていても、認めたくないのかもしれません。つまり、Dは不快な感情の社会化ができていないと考えられます。こういったことから、Dの苦労は、クラスでの大変さだけではなく、自分自身の感情と付き合うことの大変さの両面があると考えなくてはなりません。

このように認知行動療法の枠組みを念頭に置きながら子どもの話を聞くと、感情が言葉として表現されていないことに気づきやすくなると思います。ＳＯＳを出している子どもは、例外なく不快な感情を抱えています。子ども自身が自分の感情と上手に付き合うことができるようになるためにも、感情がどのように表現されるかに気をつけて話を聞くことが重要だと思います。

以上のことから、Ｄの話を聞きながら、「感情が言葉として表現されないなぁ」と思いながら、Ｄの話についていくことが大切だと言えます。その上で、もしチャンスがあれば、Ｄに自分の感情に焦点を当てた投げかけを行うことも大切だと思われます。例えば「悲しくなっちゃうね」などと、Ｄ自身の感情を想像して言語化してみるのも一つの方法です。Ｄから「本当に悲しいんです」などと投げかけを肯定する言葉が返ってくるかもしれません。それは、Ｄが自分自身について表現する言葉だという意味で、良い変化だと言えます。また、「悲しいっていうより、寂しいんです。」などと、こちらの言葉を否定する反応が返ってくる場合もあると思います。これも、一つの良い反応です。こちらの言葉そのままではなく、自分自身の感情を言葉にして返してくれているからです。

こんなふうに、感情に注目しながら話を聞いていくことが大切です。その上で子どもたちのＳＯＳを受け止め、適切にサポートする方法については、次章でお話ししたいと思います。

この章のまとめ

この章では、認知行動療法の枠組みを活用して子どもの話を捉えることを提案しました。子どもは自分自身の気分や感情について話さないことがよくあります。「ともに眺める関係」を保つには、子ども自身に関心を向けて、子どもの「認知・思考」「気分・感情」「行動」「身体反応」を念頭に置きながら話を聞くことも一つの方法です。特に、感情がどのように表現されているのかに目を向けて、話を聞くことが重要だと考えられます。

【文献】

伊藤絵美　二〇一七　つらいと言えない人がマインドフルネスとスキーマ療法をやってみた　医学書院
大河原美以　二〇一五　子どもの感情コントロールと心理臨床　日本評論社

第七章
子どもたちのSOSを受け止め、サポートする関わり方

これまで子どもたちの話を傾聴するときには、子どもが自分自身について語ることを促し、ともに眺める関係を保ちつつ話を聞くことが大切であると解説しました。

この章では、子どものSOSを受け止め、子どもをサポートする関わり方について解説します。

温かく穏やかに関わる

子どもたちのSOSを受け止め、子どもたちをサポートするために、一番大切なことは温かく穏やかに関わることです。一般的に、人は相手の顔の表情や身振り手振り、声の抑揚から、安心・安全かどうかを感じ取ります（Porges, 2018：花丘訳、二〇一八）。この安心・安全の関係があるからこそ、不快な感情を引き起こす出来事や状況について話し、考えていけるのです。つまり、直面している問題やそれに伴って生じる不快な感情について一緒に眺めながら話しをするときに、安心・安全の関係が生じるように関わることが、子どもをサポートすることなのです。こういったことから、子どもをサポートするときの基本は言葉の内容ではなく、表情、身振り、声の抑揚などの雰囲気が温かく穏やかであることが大切なのです。これは、言葉以前の（プレバーバルな）関わり方がサポート（抱えの環境）の本質だ（神田橋、一九九〇）ということと共通しています。

しかし、そういった言葉以前の関わりは、その場、その瞬間に感じられるものです。そのため、その場から離れたり、その瞬間が過ぎ去ったりすると、サポートも消えてしまったように感じられがちです。反面、言葉はその瞬間が過ぎ去ってしまっても、その場から離れてしまっても、記憶の中に残っています。言葉以前の（プレバーバルな）安心・安全の関係の中で、言葉を使って関わることが、その瞬間だけではなく、子どもをサポートし続けることにつながるのです。

ところで、大人が不安や混乱の中にいる状態では、子どもと安心・安全の関係を保つことができません。大人自身の安心安全を保たれているからこそ、子どもと安心・安全の関係を持つことができるのです。つまり、大人が自分の安心・安全を保つため、大人自身が他者からのサポートを得ることも非常に大切なのです

今生じていることについて肯定的にフィィードバックする

大人が子どものＳＯＳを受け止め、子どもをサポートするためには、その子どもと関わりが保たれていることが大前提となります。関わりが保たれていなければ、大人がどんなに心配しても、どんなに手を差し伸べても、子どもを受け止めることもサポートすることも全くできません。そのため、今生じている関係を確かにすることが何よりも大切なのです。

例えば、子どもが自分から相談にやって来た場合には、ここまで足を運んだからこそ関わりが持てるのです。だからこそ、まずは来てくれたことを肯定的にフィードバックすることが極めて重要なのです。「相談に来てくれて良かった」「本当に勇気があるから相談することができた」などと子どもに伝えることが大切です。

また、自分から話してくれるときには、「自分の気持ちを伝えられることは素晴らしいね」などと伝えたいと思います。こちらからの投げかけに対して自分なりの考えを返してくれる場合も同様です。「今考えて言ってくれるのは、素晴らしいことだね」などと返したいと思います。いずれの場合も、話の内容に焦点を当ててしまいがちですが、まずは、子どもが自分から行動したり言葉にしたりしているそのことについて、肯定的にフィードバックするのが重要だと思います。

前述のように、子どもが自発的な言動を示してくれる場合には、肯定的にフィードバックしやすいのですが、消極的・拒否的な場合にはどのようにフィードバックしてよいか迷うことが多いかもしれません。このときにも、今生じていることを肯定的にフィードバックすることをお勧めします。例えば、こちらが何かを提案したときに、子どもが「無理です」などと拒否してきたとします。その場合にも、拒否してきたことに肯定的にフィードバックをすることが大切です。その場で、大人の意見を否定せずに、話を合わせて「分かりました」などと返すことは簡単です。そうせずに自分の意見を言ってきたわけですから、極めて良い反応をしてくれたのだと捉えられます。だからこそ、「無理ですって、ちゃんと言ってくれるのって本当にありがたいなぁ」などと返したいと思います。

また、こちらの投げかけに対して答えられずに固まってしまった場合でも肯定的にフィードバックすることが大切だと思います。「今、（こちらが）言ったことを、きちんと考えてくれているから、どう答えたら良いか分からなくなってしまったのかなぁ。そんなふうにしっかり受け止めてくれてありがとう。」などと、伝えたいように思います。それに対して、小さくうなずくなどの反応が生じるかもしれません。その反応を見逃さず、「うん」「うなずいてくれて、伝わったのが分かったよ。ありがとう」と答えたいと思います。

こちらの投げかけに対して、反発が返ってきたときも同様です。例えば、「大人は、そうやって勝手に決めつける」「どうせ大人は信用できない」などという言葉には、「思ってることを、率直に言ってくれてありがとう」と発言したこと自体について肯定的にフィードバックすることが大切だと思います。

こんなふうに、どのような場合でも今生じていることに肯定的にフィードバックすることが極めて大切だと思います。関わりが持てるからこそ、子どものＳＯＳを受け止め、子どもをサポートすることができます。関係を維持しつづけることが、何よりも大切だと思います。良い相互作用が生じるように、一見否定的な反応であっても肯定的にフィードバックすることが第一歩だと考えられます。

だれでも必要とすることからサポートする

この図3は、学校心理学の三段階の援助サービス（石隈、一九九九）という考え方に基づいたものです。三次的ニーズというのは、ある特定の子どもが持っている重大なニーズです。死にたいという気持ちや自傷行為は、三次的ニーズにあたります。このニーズに応えるサポートが三次的援助サービスです。また、二次的ニーズというのは、一部の子どもたちが持っている大きなニーズです。友だち関係で悩んでいることや、勉強が苦手で苦労していることが当てはまります。このニーズに応えるサポートが二次的援助サービスです。一次的ニーズというのは、全ての子どもたちが持っている基礎的なニーズです。つまり誰でも必要としているサポートです。学習スキル、ソーシャルスキル、キャリア発達、ストレスマネジメントなどが当てはまります。

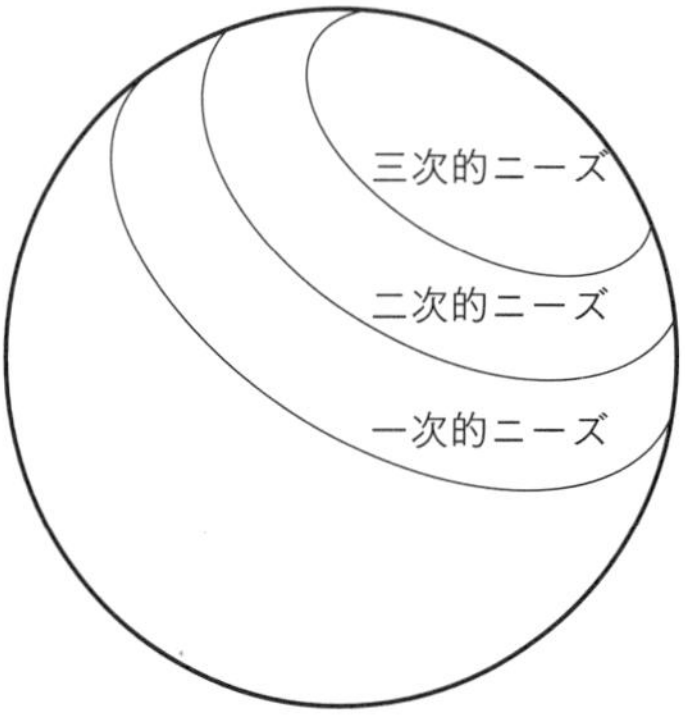

図3　子どもの持つ多様なニーズ（半田、2020）

このニーズに応えるサポートが一次的援助サービスです。

この図3では、一人の子ども全体が一つの球として表現されています。ニーズのない部分もありますが、ニーズのある部分もあります。一次的ニーズだけではなく二次的ニーズも三次的ニーズも持っている場合が図に表現されていますが、一次的ニーズだけを持っている場合や、一次的ニーズと二次的ニーズを持っている場合もあると考えられます。また、それぞれのニーズの大きさは子どもによって様々だと考えられます。なお、この図3を通して子どものニーズについて考えると、子どもを見る角度によって、それぞれのニーズが占めている大きさが違って見えることが分かります。複数の人が連携・協力して子どもをサポートすることの大切さが分かります。

具体的に考えていきます。過去にいじめられた経験（トラウマ）があり、そのフラッシュバックに苦しめられリストカットがなかなかやめられないという状態（三次的ニーズ）の子どもを通して考えます。そういった子どもは、学習に集中するのが難しいことがあり、学習上の困難も抱えがちです。そういった問題は二次的ニーズに該当します。また、他の全ての子どもたちと同じように、ソーシャルスキルやストレスマネジメントを学習する必要性も高いと考えられます。

もしいじめによるトラウマの影響が小さくなれば、自然と集中力が回復して学習の問題も小さくなる可能性があります。一般に、三次的ニーズにあたる問題や課題は、その子ども自身の育ってきた歴史や生まれ持った特性などが影響し合って生じるその子ども独特の問題や課題だと考えられます。そのため、単純な解消方法・改善方法は得られにくく、三次的ニーズに対応する支援は様々な難しい面が大きいと言えます。特に、トラウマそのものへの働きかけは、高度に専門的なカウンセリングが必要になる場合も多いと考えられます。こんなふうに、三次的ニーズに対する支援は丁寧な関わりが必要とされ時間を要します。しかし、三次的ニーズに応えることができなくても、その子どもの持つ二次的ニーズ（学習の困難さ）についてサポートすることはできる場合がほとんどです。その子どもと一緒に、学習に集中しやすい場所や工夫を考えたり、試してみたりするのは、意味があると思います。ほんの少しでも学習の困難さが解消されれば、自信を回復したり、将来の進路選択につながったりするかもしれません。また、ストレスマネジメント（一次的ニーズ）について、その子どもと一緒に学ぶことも、その子どもの良いサポートになると考えられます。ストレスにうまく対処できるようになれば、リストカットではない方法でフラッシュバックに対処できる可能性も出てきます。

ところで、三次的ニーズを持つ子どもたちは、学校や教室に行くことが難しかったり、人と関わることが難しかったりします。一次的ニーズに応える一次的援助サービスは、全ての子どもたちへの援助サービスですので、ほとんどの場合、学級や学年単位で提供されます。そのため、三次的ニーズを持っている子どもたちは、一次的援助サービスが提供される機会を逃しやすくなります。学級や学年単位で提供されるため、一度逃してしまうと、一次的援助サービスを受ける機会はほとんどなくなってしまいます。こういったことがあるため、三次的ニーズを持つ子どもたちに一次的援助サービスが提供されているかどうか目を配っておくことが大切です。そして、もし一次的援助サービスの機会を逃してしまったことが分かった場合には、その子どもが安心できる環境で個別にサポートすることが必要だと言えます。

こんなふうに、その子どもが直面している大きな悩み（三次的ニーズ）について直接的に改善するような働きかけではなく、多くの子どもが持っている一次的ニーズや二次的ニーズに応えるようなサポートも極めて大切なのです。特別なサポートを必要としている子どもは、誰もが必要とするサポートも必要としています。誰もが必要としていることからサポートするのは無理が少なく、その子どもの成長につながっていくと考えられます。

子どもが今直面している困難を理解する

子どものSOSを受け止めるには、子どもが感じている辛さや苦しさを理解することが大切です。つまり、子どもが今直面している困難を理解することが重要なのです。

子どもが直面している困難は、色々な表現で語られます。例えば、「死にたい」と訴える子どもの話を聞いていくと、「学校も教室も友だちもイヤだ」「何も楽しいことなんかない」などと、自分自身が感じている辛さを話してくれることがあります。こういった辛い状況について話してくれること自体は素晴らしいのですが、「学校も教室も友だちもイヤだ」「何も楽しいことなんかない」という言葉をそのまま理解するだけでは十分ではありません。それらの言葉の具体的な中身をリアルに理解することが大切なのです。

例えば、「学校も教室も友だちもイヤだ」という言葉の具体的な中身はどういうことなのでしょうか？　例えば、授業中に指名されたときに答えを間違えてしまったことを同じクラスのE君に笑われて、大きなショックを受けて不安が強くなったのかもしれません。いつもよく話していたFさんに話しかけたら無視されてしまって、不安や寂しさを強く感じたのかもしれません。他にも、本当に色々な可能性があると考えられます。つまり、「学校も教室も友だちもイヤだ」という言葉の中身はほとんど何も分かっていないのです。だからこそ、「この子は、学校も教室も友だちもイヤなんだ」という理解ではまだまだ不十分なのです。

ここで、回り道になりますが、シンプルな例を通して考えてみます。宿題をさせようとしても「宿題はイヤだ」と言ってなかなか取り組めない子どもがいるとします。その子に話を聞くと「漢字ドリルがイヤ」と言ってくれました。ここで、「ああ、漢字ドリルがイヤなんだなあ」と理解するだけでは十分ではありません。実は「漢字ドリルがイヤ」なのではないからです。突き詰めて考えると、漢字ドリルをするときに自分自身の中に生じる「感情や感覚がイヤ」なのです。例えば、何度も同じ漢字を書くときにイライラする感覚が生じるため、そのイライラがイヤだという場合があります。この場合、「漢字ドリルがイヤ」なのではなく、本質的には、同じ漢字を書くときに「イライラするのがイヤ」なのです。他にも、ドリルを開いたときに沢山の漢字が目に入ってうんざりしてイヤになる場合もあるかもしれません。この場合は、うんざりするのがイヤなのです。

こんなふうに理解できると、その子も宿題に取り組める可能性がでてきます。「漢字ドリルがイヤ」という理解の場合、無理をしてイヤな気持ちを我慢して取り組むか、イヤな気持ちが我慢できないから宿題をやらないかという二つの選択肢しかありません。「イライラするのがイヤ」または、「うんざりしてイヤになる」と理解できれば、「イライラ」「うんざり感」に対処することが大切だと分かります。そして、そういった不快な感情や感覚への対処方法が見つかれば、漢字ドリルに取り組みやすくなるのです。

こういったことから、「宿題がイヤ」という言葉の中身、つまり、本当は何がイヤなのかを理解することが大切なのです。その上で、「宿題がイヤなんだね」と言葉を返すのではなく、「イライラするのがイヤなんだね」とか「うんざりしちゃうからイヤになるんだね」と言葉を返すことが大切です。子どもがその言葉に反応して「そうなんだよ。イライラ（うんざり）するのがイヤなんだよ。」と、応えてくれるようになったら、イライラやうんざり感への対処方法を考える準備ができたと言えます。

少し回り道をしましたが、「学校も教室も友だちもイヤだ」という言葉も同じです。「学校も教室も友だちもイヤ」なのではないのです。教室や友だちとの関わりの中で生じた自分自身の感情や感覚がイヤだと捉えることが大切なのです。その感情や感覚を具体的に理解するためには、子ども自身から少しずつ話を聞いていくことが必要です。そのためには、聞き方の工夫が求められます。

例えば、「どうして学校も教室も友だちもイヤなの？」と質問してみることもできるかもしれません。しかし、「どうして～？」という質問は、答えるのが難しい質問です。子どもが答えられなくて、やり取りが行き詰まってしまうかもしれません。また、「どうして～？」という質問には、相手を非難する雰囲気が含まれています。そのため、聞かれた子どもが自分を非難されたと感じ、話すことが怖くなってしまうかもしれません。こういった背景があるため、子どもがそう思う理由を知りたい場合でも「どうして～？」という質問はお勧めできません。その代わりに、「どんなときに～と感じるの？」と聞いてみることをお勧めします。また、「特にどんなときに？」と聞くことも良いと思います。そんなふうに聞かれた子どもは、そう感じる具体的な場面を思い浮かべるはずです。具体的な場面を語ってくれたら、その場面でどんな感情や感覚が生じたのかを丁寧に聞いていけば良いのです。たとえば、「英語の授業中に、ランダムに誰かを指名して答えさせるとき」などという答えが返ってくるかもしれません。そのときに、どんな感情や感覚が生じているのかを聞いてみるのです。「答えたときに周りの子が気になって怖くなる」などということが分かるかもしれません。指名されることそのものよりも、自分が答えたときの周囲の反応に不安を感じていることが分かります。その理解は「学校も教室も友だちもイヤ」という理解よりも、具体的でリアルな理解だと言えるでしょう。こういった具体的でリアルな理解が、その子どもが直面している困難を理解することなのです。「学校も教室も友だちもイヤ」という理解では、学校を避け、教室を避け、友だちを避けるしか対処方法はありません。上記のように理解すると、その子どもが直面している困難の中心は、周囲の反応に対する不安なのです。その不安がその子どもの感じている困難のいわば本体なのですが、それが教室や学校と密接につながっているので、「学校も教室も友だちもイヤ」となってしまうのです。

このように理解することができれば、「怖くなっちゃうね」などと子どもの感情を受け止めつつ伝え返すことができます。そして、その不安に対処できれば、学校や教室や友だちを避ける必要は少なくなると考えられます。

感情の言語化を促す

次に大切なことは、感情の言語化です。第六章で説明したように、子どもは自分自身の感情を言葉で語らないことが極めて多いと思います。状況や他者の行動について説明しているときには、状況や他者に注目するよりも、その子ども自身の感情に注目することが大切です。そして、子どもが自分自身の感情を言語化できるように促すことが重要です。

例えば、友だちに無視されたことについて話しているときには、そのときの事実関係について焦点を当てて言葉を返しがちです。そうではなく、話している子ども自身の感情について「辛いね」などと返してみることが一つの方法です。もちろん、「どんな気持ちだった？」と感情に焦点があたるように質問してみても良いと思います。ただ、子どもはそう質問されても、友だちのことや悪口の内容を改めて説明することが極めて多いと感じます。なかなか、自分自身の感情に焦点が当たらないのです。その場合も、「辛いね」と感情を直接的に言語化して返してみることが良いと思います。その際に、温かく穏やかな雰囲気で言語化することが極めて重要です。当然ですが、冷たく非難するように言語化することは、子どもを深く傷つけてしまいます。温かく穏やかに言うことによって、その感情が受け入れられている、つまり承認されていることが子どもに伝わります。このプロセスを通して感情が社会化され、子ども自身が不快な感情と上手に付き合うことが少しずつできるようになるのです（大河原、二〇〇四）。

ところで、「辛いね」などと不快な感情を明確な言葉で表現すると、子どもが余計に辛い思いをするのではないかと心配する方が多いようです。もちろん、わざわざ辛い体験をさせて、辛い思いをさせることは良くないことです。しかし、この場合は既に生じている感情に目を向けるだけです。目を向けることによって感情が明確に感じられるかもしれませんが、それはその感情と上手く付き合うために必要なことです。大人が一緒にその感情に目を向けてくれるからこそ、安全に不快な感情に向き合えるのです。子どもが一人でその感情を味わう場合、大きな孤独感にも自分自身を脅かされます。どんなに身近な大人であっても子どもの感情をコントロールすることはできません。それでも、そばにいることはできるのです。だからこそ、「辛いね」などと感情を言葉で表現して伝えることは大切なのです。

また、子どもの不快な感情に目を向けると、それが自分自身に伝わってきて、大人も自分自身にその不快な感情が湧いてくるように感じられることがあるかもしれません。それは、共感に近いと思います。そういう意味でも、子どもと一緒にその不快な感情を少しの時間味わってみることは、大きな意味があります。

一方、共感できていない場合に感情を言葉で表現すると、子どもにとって嘘くさく感じられるのではないかと不安を持つ方もいらっしゃるようです。そういう場合には、「〜っていうのは、辛くなっちゃうよね」、あるいは「〜があると、辛い気持ちが湧いてくるね」などと返すことをお勧めします。これは、その出来事によって不快な感情が湧いてきたというメカニズムを言葉で表現したものです。例えば、子どもが手を机の角にぶつけたときに、「角にぶつけると痛くなっちゃうよね」などと返すのと全く同じです。子どもが自分自身の心の中で生じている反応に目を向けるきっかけになると思います。

良い噂のネットワークを作る

子どもたちと関わっていく際に、常に心がけておきたいことがあります。それは、良い噂のネットワークを作るということです。これは、ほとんどの子どもたちが、インターネットのSNSや動画投稿サイトを利用していて、そこでの情報のやり取りから大きな悪影響を受けていると考えられるからです。

子どもたちは、インターネットの世界で様々なリスクに直面しています。ネットいじめから架空請求まで、様々な被害のリスクがあります。こういった直接的な被害だけではなく、間接的な被害とも言える悪影響を受けていると考えなくてはならないと思います。SNSや動画投稿サイトでは、他人が別の他人を攻撃する言葉が数限りなく投稿されています。直接的に相手に攻撃的な言葉をぶつけるような投稿もたくさんありますが、誰かのことを示唆しながら攻撃するような投稿もたくさんあります。子どもたちは、SNSや動画投稿サイトをとおして、誰かが別の誰かを攻撃している言葉を毎日のように見ていると考えられます。

子どもによっては、一日中スマホを手放さずにSNSや動画をずっとチェックしながら暮らしている場合があります。そういった子どもたちにとっては、誰かが誰かを悪く言ったり、攻撃していたりするのが日常なのです。言わば「悪い噂のネットワーク」が、すき間なく張りめぐらされている現実に、子どもたちは毎日のように接しているのです。

ところで、深刻なリスクに直面している子どもたちをサポートするためには、サポートする側の大人が情報共有をして良い連携を保っていかなくてはなりません。そのためには、子どもに分かりやすく説明をした上で、情報共有の了解を取ることが必要になります。しかし、子どもによってはなかなか情報共有について承諾してくれないことがあります。知られることそのものについて不安が高いように感じます。明確な証拠はありませんが、上述の「悪い噂のネットワーク」が張り巡らされていると感じているからこそ、自分のことを知られることが不安になるのではないかと思います。

しかし、インターネットの現状を変えることは極めて困難ですし、子どものスマホ利用を制限するのも難しい場合がほとんどです。つまり、「悪い噂のネットワーク」から子どもを遠ざけることは、かなり難しいのです。そこで、子どもをサポートする大人が連携して、「良い噂のネットワーク」を作っていくことをお勧めします。それは、大人たちは子どもの良いことについて、日常的に情報交換をしていることを子どもに伝えるという働きかけです。例えば、子どもに「G先生が『(あなたが）最近、ちゃんと自分も気持ちを伝えてくれるようになった』って言ってたよ」と伝えるという働きかけです。こういった働きかけを日常的に行っていけば、大人たちの安心・安全の関係性の中で自分が見守られていると感じるのではないかと思います。

また、子どもと大切な話をした後には、別の大人（例えば、担任の先生）との情報共有が必要になることが多いと思います。その際には、どのように情報を伝えるかを子どもに確認することが必要になります。そのときも「良い噂のネットワーク」が生じるように工夫したいと思います。子どもと話をして発見した良い変化や状況について、子どもに分かるように積極的に共有するのです。例えば、「（その子どもが）最近、辛い気持ちと上手に付き合えるように、自分なりに色々と工夫するようになってきています。もうしばらく見守ってあげてください。」と担任の先生に伝えることを、子どもに確認します。そして、担任の先生にはそのように伝えます。担任の先生からは、「〇〇さんから、（あなたが）イヤな気持ちとうまく付き合えるように、自分なりに工夫してるって聞いたよ。」などと子どもに伝えるようにしてもらうのです。自分についての良い情報を大人が共有していることが、情報を伝える側と受け取る側の両方から分かるので、子どもの安心感が高まるのではないかと思います。

一般に、情報共有や連携は、自傷行為や自殺念慮などの子どものリスクに備えるために必要な情報を共有することが多いと思われます。前述の内容は、その前提となる情報共有のあり方として大切な方法ではないかと考えています。リスクに備える場合の子どもとの情報共有については、一〇九ページを見ていただきたいと思います。

子どもが話さない場合

子どもをサポートしようと話を聞き、やり取りを重ねていく中で、子どもが急に黙りこくってしまうことがあります。また、そもそもはじめからほとんど話さない、全く話さないこともあります。こういった場合、子どもが反抗しているように感じたり、こちらの働きかけを拒絶しているのだと捉えることが多いかもしれません。どのように関わっていけばよいか非常に迷う場面だと思います。

このような場合でも、まずは大人に反抗したり、関わりを拒絶しているわけではないと捉えることをおすすめします。危機に直面している子どもたちは、すでにその状況から受けた刺激や情報で心がいっぱいになっている可能性が高いのです。反抗したり拒絶しているように見えるのは、さらに刺激や情報が過多になるのを避けていることがほとんどです。そこに大人が関わろうとすると、さらに刺激や情報が過多になり、反応や処理ができなくなってしまいます。

そういった状態にあることについて、大人も子どもも気づくことがスタートです。「考えるだけで、気持ちがいっぱいいっぱいになっちゃうね」「心がいろんなことでいっぱいで苦しいね」などと投げかけてみることが第一歩だと思います。小さく頷くなど、肯定的な反応が得られることが多いと思います。「そうだね」などと受け止めつつ、そして、「話せるところから話してね」「準備ができたら教えて」などと伝えてみます。「しばらくここにいるよ」などと伝えて、そばで待ってみることも一つです。

こういった関わりを行っても、子どもから話が出ないこともあります。その場合は、こちらの投げかけに対して、自分がどう答えたいか子どもなりに分かっているかどうかを確認することをお勧めします。まずは、「さっき〜って聞いたんだけど、○○さんは、その内容というか答えは、自分自身では分かってる感じ?」などと聞いてみます。もし、それにうなずいたり、「うん」などと返事が返ってくるのであれば、自分では分かっていることを肯定的に伝え返すのが大切です。例えば、「自分で分かっているというのは大切だね。自分で自分のことが分かっていれば、自分で自分を助けてあげやすくなるよね。それが分かって良かった。」などと伝えたいところです。

子どもが自分自身を理解することと大人がその子どもを理解することのどちらが大切かと考えると、本質的には子どもが自分自身を理解することの方が大切だと思います。子どもが、自分で分かっているというのであれば、それはそれで意味があることです。この場合、子どもと気持ちや考えの内容を共有することはできないのですが、子ども自身が自分では分かっていることが肯定的に共有されています。子どもの気持ちや考えを共有して一緒に考えるのは意味のあることですが、無理にそこまで進んでいこうとするのは、今の子どもを傷つけてしまう可能性が高いと思います。そうではなく、今の関係にとどまり、その肯定的な側面を共有しようとすることが、子どもをサポートすることになると思います。

他からのサポートを得るように促す

子どもが自殺の具体的な計画を立てていたり、道具を準備していたりすると分かった場合には、保護者や先生方など子どもの身近にいる大人と情報を共有して、子どもの安全確保を最優先で行う必要があります。また、死んでしまいたいといった希死念慮を持っていることやリストカットなどの自傷を行っていることが分かったときにも、子どもの身近な大人のサポートを得られるように情報共有することが望まれます。カウンセリングでも、こういった場合は守秘義務の例外とされ、生命や身体の安全を最優先として情報共有を行うべきであるとされています。この場合、事前に情報共有について説明し了解を得ること（インフォームドコンセント）が大切だと考えられます（出口（監修）「心理臨床と法」研究会（編）、二〇〇九）。

勝手に情報共有をしてしまうことは、子どもからの信頼を失う行為です。そのため、カウンセラーであってもなくても、まずは子どもに丁寧に説明して、了解を得ることが大切なのです。その場合、「死にたいっていうことは、放っておけないし、心配だから、おうちの人に伝えなくちゃならないよ。」などと伝えることが多いかもしれません。しかし、こういった方法で説明し了解を得ようとすると、子どもから激しい抵抗にあったり、関係が切れてしまったりする可能性があります。「放ってはおけない」というのも「心配だから」ということも、大人の側の捉え方です。この言い方では、大人の都合を子どもに押しつけているだけになってしまいます。子どもは大人に裏切られたような気持ちや見捨てられたような気持ちを感じる可能性が高いように思われます。大人の側の捉え方から情報共有の必要性を伝えるのではなく、その子どもの困難さや必要性に沿って情報共有を提案することが大切です。私の場合ですが、「あなたには（もっと）味方が必要だ」という言い方で提案することがよくあります。

困難に直面している子どもたちは、誰にも知られずにその困難に対処していることが少なくありません。言わば孤立無援の状態で一人で辛い思いを抱えながら日々の生活を送っています。子どもから話を聞く中で、「あなたは、一人で頑張ってきたんだね」と肯定的に伝え、「味方が必要だね」と周囲のサポートの必要性を伝えておきます。さらに、誰が味方になってくれそうか、誰が味方になってくれたら心強いかを聞きます。そして、その人にどんなことを分かってほしいかを聞きます。たとえば、「今日は、色々お話してくれたでしょ。その中でここは分かってほしいとか、こんなふうに理解してほしいっていうのは、何か思いつく？」という感じです。子ども自身が周囲の大人に分かってほしいことを元にして、何をどのように伝えるのかを確認していきます。

このプロセスによって「自傷行為をしている」という事実関係を伝えるというだけでは不十分だと分かります。例えば、「辛くてたまらないときがあって、そういうときに自分の気持ちをリセットするために自傷行為をしてしまうことがある。でも、本人自身はできれば自傷行為をやらなくて済むようになりたいと思っている。」ということが大人に分かって欲しいことかもしれません。それに沿って伝えるように提案すれば、子どもの同意が得られる可能性が高いのです。こんなふうに、分かってもらうために伝えるという姿勢で情報共有を促すと、子どもの抵抗感は大きく低下すると私は感じています。

それでも、「味方になってくれそうな人はいない」などという反応が返ってくることもあります。その場合、その子どもは強い孤立を感じているのだと想像されます。その孤立感を受け止めつつ、「味方になってくれそうにないけど、もし味方になってくれるとしたら、どの人が少しだけでも味方になってくれたら心強い？」などと粘り強く投げかけます。この投げかけに答えがあれば、その人に味方になってもらうための作戦を一緒に考えることができます。

なお、医療機関の受診を促す場合も基本的に同じ姿勢で促します。病気だからとか、症状が重いからなどの理由ではなく、自分の力を発揮するためには、お薬の力を借りることが大切だと説明します。例えば、「睡眠をしっかり取れば、脳が元気になって力を発揮しやすい」、「心を整えたら、あなたの良い面が発揮できる」などと伝えて、服薬の必要性を理解してもらうことが大切だと思います。

この章のまとめ

子どものSOSを受け止め、サポートするためには、温かく穏やかに関わることが基本です。その上で言葉を使って関わることが求められます。そのためには、大人自身が安心・安全を感じられていることが必要です。そして、今生じていることに対して肯定的にフィードバックすることが大切です。これらが子どもとの関係を保ち、関わり続ける基盤となります。また、子どもが自分の感情を言語化できるよう促すことも重要です。

周囲との良い関わりを保ち、様々なサポートの中で成長していけるように、良い噂のネットワークを作ることや、味方を増やすという姿勢で他からのサポートを得るように促すことも求められます。

【文献】

Porges S. W. 2018 The Pocket Guide to The Polyvagal Theory: The Transformative Power of Feeling Safe（ステファン・W・ポージェス　花丘ちぐさ（訳）二〇一八　ポリヴェーガル理論入門―心身に変革をおこす「安全」と「絆」　春秋社）
神田橋條治　一九九〇　精神療法面接のコツ　岩崎学術出版社
石隈利紀　一九九九　学校心理学―教師・スクールカウンセラー・保護者のチームによる心理教育的援助サー

ビス　誠信書房
半田一郎　二〇二〇　スクールカウンセラーのコンサルテーション　半田一郎（編）　スクールカウンセラーと教師のための「チーム学校」入門　日本評論社　五九‐七二頁
大河原美以　二〇〇四　怒りをコントロールできない子の理解と援助―教師と親のかかわり　金子書房
出口治男（監修）「心理臨床と法」研究会（編）　二〇〇九　カウンセラーのための法律相談―心理援助をささえる実践的Ｑ＆Ａ　新曜社

第八章
アドバイスを巡って

第七章では、子どもをサポートするためには、感情の言語化が大切であることを説明しました。しかし、不快な感情を言語化し、気持ちを受け止めたとしても、その感情が消えて無くなるわけではありません。そのため、大人は何とかして問題を解決してあげたいと思うことが多いのではないでしょうか。そこで、「〜したら」「〜した方が良いと思うよ」などと、問題の解決策をアドバイスすることも多いかもしれません。しかし、これはあまりお勧めできないのです。

アドバイスをお勧めしない理由はいくつかあります。第一には、アドバイスは受けた人（子ども）が実行するか実行しないかという現実的な選択に直面するからです。その選択をしなくてはならないだけで、子どもには心理的な負担となりますが、実行することは、時間や労力など現実的な負担がかかります。また、それを実行できなかった場合には、できなかったことを、アドバイスしてくれた大人に言い出せない可能性もあります。その場合、大人との関係が疎遠になってしまう危険性があります。子どもの孤立が深まるかもしれません。さらには、アドバイスを実行しても良い結果につながるとは限りません。この場合、子どもが「アドバイスが良くなかった」と感じてくれれば、子どもが傷つくことは少ないと思われます。しかし、「自分のやり方が良くなかった」とか「結局、自分は何をやってもダメなんだ」などと感じてしまうと、傷付きを深めてしまう可能性があります。このように、アドバイスをすることは子どもに心理的・現実的な負担をかけてしまう可能性があるのです。

アドバイスをお勧めしない第二の理由は、アドバイスを受けることによって、今までの自分の行動や対応が否定されているように感じることがあるからです。子どもが辛い状況に直面している場合、自分なりに頑張ったり、何とか対処したりしていることがほとんどです。それとは違う方法のアドバイスを受けることは、今までの方法が否定されていることになります。さらに、子どもたちは、今までとってきた方法が良いか悪いかではなく、自分自身が否定されているように感じてしまいがちです。大人が解決してあげたいと思ってアドバイスすることが、子どもにとっては大人から自分が否定されたと感じてしまうことにつながりかねません。

こういったことがあるため、アドバイスを私はあまりお勧めできません。何より大切なのは、子どもの話を良く聞き、感情を言葉で受け止めていくことなのです。

質問そのものをいったん受け止める

前述のような理由を踏まえ子どもの感情を受け止めようとして、話をよく聞こうという姿勢で関わっている場合でも、子どもが現実的な問題の解決に向けてアドバイスを求めてくることがあります。例えば、「〜なんですけど、どうしたら良いですか?」などと質問されることも多いかもしれません。質問の内容がルールや制度に関係する事柄の場合には、正しい対応策があり、それを教えてあげることで解決できます。しかし、子どもが直面している問題状況は、人間関係や生き方が関わっていることが多く、その場合、正解となる解決策はありません。そのため、子どもから「どうしたら良いですか？」と聞かれても、簡単には答えられないことがほとんどです。

反面、子どもは大人がまるで正解を知っているかのようにアドバイスを求めてきます。大人も何か答えてあげなくてはならないという気分になりがちです。しかし、本来は正解がない事柄に対して単純にアドバイスをすることは、子どもの主体的な動きが損なわれがちです。自分自身で考えて選択することを促す関わりが必要です。それを目指して、「自分ではどう思うの？」「自分ではどうしたら良いと思うの？」などと、投げかけることも一つの応え方です。しかし、質問に質問を返すことになるため、子どもははぐらかされたと感じたり、「それが分からないから聞いているのに」などと不満を感じたりしがちだと思います。大人が正解を教えるような立場になるのではなく、一緒に考える関係を保つような関わりが求められます。

そのためには、子どもが発した質問そのものを受け止めることが第一歩です。「あー、確かに、～はどうしたら良いだろうねえ。」などと言葉にしながら、一瞬、その質問を大人自身が自分のこととして考えてみるのです。しかし、自分で考えた結果を子どもに伝えるわけではありません。まずは、その疑問について考えるという姿勢をとり、その姿勢が子どもに伝わるようにしているのです。疑問や質問の内容そのものに答えるのではなく、一緒に考える姿勢を保ち、それが子どもにも分かるように関わっていきます。これは、第五章で説明した「ともに眺める関係」を保つことでもあります。その状況について子どもと一緒に眺め、一緒に考える姿勢を保っていると言えます。

子どもが受けたアドバイスを確認する

質問そのものを受け止めた段階で、問題の解決策について、子どもが今まで受けてきたアドバイスを確認してみることも良い方法だと思います（半田、二〇〇四、二〇〇九、二〇一九）。例えば、「そのことは、友だちの○○さんは知ってるの？」と確認してみて、「○○さんは、何アドバイスしてくれた？」と聞きます。その友だちから既に受けたアドバイスを確認できたら、他にアドバイスを受けていないかを聞いていきます。「他にはどう？」などと質問して、既に受けているアドバイスを一通り確認します。実際、色々と人に相談していて、アドバイスを受けていても、不安や不満を感じてそのアドバイスを受け入れられないことも良くあることだと感じます。そういう状況で、さらにアドバイスを繰り返しても、不安や不満の元を増やしてしまう可能性が高いと思います。そこで、一通りアドバイスを確認した上で、一つ一つのアドバイスについて、子ども自身がどう感じるのかを聞いてみます。このやり取りは、「ともに眺める関係」を保ちながら、子どもと一緒にどうしたら良いかを考える作業となります。他の人からのアドバイスはその材料なのです。

多くの場合、人は自分の立場や経験から考えてアドバイスをしてくれますが、前述のように自分の意見や考えは言わないで、一緒に整理して考えてくれる人はほとんどいないようです。一緒に整理して考えてくれる大人の存在は子どもにとって貴重かもしれません。

ところで、前述のように既に受けたアドバイスを確認してみると、アドバイスを受けていないという場合もあります。こういった場合は、身近な大人や友だちから得られそうなアドバイスを想像してみるのも一つの方法です。「お母さんが知ってたら、何かアドバイスくれそう？」などと聞いてみると、子どもからは「お母さんは、○○って言うに決まってる」などと答えが返ってくることが多いです。その想像上のアドバイスを材料にして、一緒に考えて行きます。もちろん、実際に受けたアドバイスと想像上のアドバイスを組み合わせて、考えて行くことも可能です。

こういった働きかけは、子どもが自分自身へのサポートや支援をコーディネーションできるようにサポートする働きかけです。本来、子どもも、サポートを受けるという受動的な存在ではなく、主体的に自分自身に必要なものを選び取っていくという存在です。身近な大人は、子どもの主体的な選択をサポートすることができるはずです。

子ども自身の目指す目的地を共有する

以上のように、アドバイスをすることよりは、一緒に考える姿勢を保ち、今まで受けたアドバイスを整理するような働きかけをお勧めしました。それでも、大人は何とかして問題を解決してあげたいと思い、アドバイスしたいと思うことが多いのではないかと思います。そのときに、少し考えてみていただきたいことがあります。それは、「子どもと自分（大人）は、同じ目的地を目指しているのかどうか？」ということです。もし、大人と子どもが違う目的地を目指して進んでしまうと、違う方向に進もうとしてお互いがお互いの足を引っ張ってしまいます。そのため、良い変化が生じない可能性が高いと考えられます。まずは、子どもが目指している目的地を理解して、それを共有することが大切です。

ところで、目的地が分かっているかどうかによって、悩みは大きく二種類に分けられます。一つには、自分自身の目指す目的地が分かっていて、そこへ向かう道筋（つまり解決策）が分からなくて悩んでいる場合があります。もう一つには、そもそも目的地が分かっていないため、当然、そこへ向かう道筋（解決策）も分からないという場合があります。目的地が分からないという状態の方が、悩みが深いと考えられます。

そのため、まずは子どもが自分の目的地が分かっているかどうかを確認することは非常に大切です。例えば、「（あなたは）どうなりたいの？」「（あなたは）どうしたいの？」などという質問も一つの方法かもしれません。しかし、この質問には言外に批判的なニュアンスが感じられます。また、「どう？」という言葉で始まる疑問文は難しい疑問文です。そのため、一般的には子どもに「どうなりたいの？」などと質問することは勧められません。投げかけ方に工夫が必要だと思います。

一つの投げかけ方は、「…してくれたら良いのにとか、…だったら良いのにとか何か思いつく？」という投げかけ方です。この投げかけ方は、子ども自身のことを聞いているのではなく、他者や状況を聞いています。子ども自身のことではないからこそ、自分にできない（と思っている）ことや、知らず知らずにあきらめてしまったことも、現実的ではないことも語られる可能性があります。

例えば、「テストがなかったらいいのに」などという答えが出てくるかもしれません。それが現実的かどうかということよりも、「テストがない」ことが、子どもにとってどのように良いのかを理解することが大切です。そこで、「そうだね。テストがなかったらすごく良いよね。特にどこが一番良い？」とか、「テストがなかったら、どんな良いことが起きるの？」などと聞いてみることが一つの方法です。例えば、「のんびりできる」という答えが返ってきたら、それがその子どもが向かおうとしている目的地だと考えられます。

また、子どもが拒否的な反応をする場合には、子どもの言葉が子どもの持つ目的地を理解する入り口となる場合があります。例えば、「大人は信頼できない」という言葉の裏側には、「大人を信頼したい」という気持ちが隠れています。大人が信頼できるかどうかということよりも、「信頼できる大人に会いたいよね」などと、子どもの気持ちに応えたいものです。この場合、信頼できる大人をどうやって探して、どうやって見分けるかを話し合うことは、子どもの目的地を共有して、そこへ進んでいく道筋を一緒に考えることになります。また、「どうせ大人には分からない」などという言葉にも、「大人に分かって欲しい」という気持ちが隠れています。例えば、「どこを一番、分かって欲しい？」などと問いかけてみることも、子どもの目的地を理解する入り口になると思います。

こんなふうにしながら、まずは子どもの持つ目的地を探して、それを共有することが大切です。もちろん目的地を共有しただけでは、子どもの直面する問題を変化させ解消できるわけではありません。そうであっても、一緒に同じ目的地を目指しているという大人との関係こそ、子どもをサポートするのです。

点数化してもらう

子どもの持つ目的地が共有できた段階で、今の自分自身の状態を点数化してもらうことがお勧めです。一般的には、スケーリングクエスチョンと呼ばれ、特にブリーフセラピーの手法でよく活用されています（森・黒沢、二〇〇二）。

例えば、「のんびりできる」という目的地が共有できたときに、「バッチリのんびりできている状態を一〇点として、最悪っていう状態を一点としたら、今何点ぐらい？」と聞いてみるのです。ほとんどの場合、子どもからは「三点か四点」などと、数字で答えが返ってきます。答えが返ってこないことは極めてまれです。

この聞き方の一番良いところは、子どもが直面している状況の困難さを具体的に理解できることです。子どもが大変さを訴えていても、子どもの主観的な感覚を感じ取ることが難しい場合が多いと思います。たとえば、「すごく大変」と子どもが言っている場合、その言葉から子どもの大変さや深刻さを理解するのは難しいものです。しかし、点数化を促すことによって、大変さが具体的に分かるのです。

私の経験ですが、この質問には意外な答えが返ってくることがあります。例えば、子どもが「もう最悪」などと訴えている場合にこの質問を使ってみると、三点や四点という答えが返ってくることがあるのです。「最悪」という言葉から、一点や二点という回答を予想しがちですが、その予想よりも子どもは自分は良い状態だと捉えていることが分かります。こんなふうに、子どもが自分や状況をどう捉えているか具体的に分かるというのが、この質問の大きな利点だと思います。

さらに、この質問をもとに、子どもとのやり取りを深めていくこともできます。例えば、何点を目指すのかを確認することも非常に大切です（森、二〇一五）。私も、「一〇点は最高なんだけど、何でも満点っていうのは難しいでしょ。満点じゃなくても、いいよねっていうことがあると思うけど、何点ぐらいが自分自身としては、良いと思う？」などと聞いてみることがあります。他にも、「あと〇・五点だけ点数が高いときには、どんなことが起きていると思う？」などと質問して、小さな良い変化に目を向けることも可能です（森・黒沢、二〇〇二）。

また、この質問は、状況は変化するという暗示を含んでいます。悩みが深いときには「何をやってもムリ」などと、困難から抜け出すことができないと自分自身で決めつけてしまうことが多いと思います。そういう場合に、「頑張れば状況は良くなるよ」などと説得すると、子どもは「分かってもらえない」などと孤立感やあきらめの気持ちを深めてしまう危険性がありま す。点数化しようと考えるだけで、状況は変わるのだと無意識に感じることができるので、前向きな気持ちが引き出されやすいのではないかと考えられます。

対処行動を見つけ、身につける

目的地を共有して、そこへの道筋を一緒に探すことができるようになったとしても、子どもが直面している大変な状況やそれに伴う不快な感情には良い変化が生じないことも多いと思われます。今の状況を乗り切って行くため、不快な感情への対処行動を身につけることも大切です。

不快な感情への対処行動では、筋弛緩法などのリラクゼーションが効果的です。単に言葉で伝えるのではなく、資料を活用して具体的な方法を伝えることも大切です。例えば、国立成育医療研究センターこころの診療部（二〇二一）が作成した資料は役に立ちます。それを一緒に見ながらその場で一緒にやってみたり、練習してみたりするとより実行される可能性が高くなります。また、実際にリラクゼーションを実行するときに、一緒に練習した体験が自然と思い出されることになります。サポートしてくれる大人の存在を思い出すことも子どものサポートになります。そういう意味でも、リラクゼーションを勧めるだけではなく、一緒にやってみることが良いと思います。

また、上記のスケーリングクエスチョンを使って質問した際に、非常に低い点数が返ってくることがあります。特に、子どもの場合は「マイナス一〇〇点」などと、設定の範囲を超えた数値が回答される場合もあります。その場合は、「そんなに大変な状態なのに、どうやって持ちこたえてるの？」などと質問することがお勧めです。これは、コーピングクエスチョンと呼ばれる質問で、子どもが既に行っている対処行動を発見することにつながります（森・黒沢、二〇〇二）。

ところで、子どもが知らず知らずのうちに対処行動を行っているにもかかわらず、自分では否定的に捉えていることが良くあります。例えば、辛い気持ちが湧いてきたときに音楽を聴くことは良い対処行動です。楽しい動画を見ることやゲームをすることも対処行動の一つです。しかし、子どもたちは、逃げてばかりいるとか、怠けているなどととらえていることがあります。また、「辛いから、いつも寝てばっかりです」などと語られることもあります。「寝てばかり」などと、否定的に捉えているのですが、睡眠を取ることは健康面でも大切ですし、昼寝も良い対処方法です。子どもが自己否定的に語る言葉の中からも、大人が対処行動を認め、それを積極的に認めていくのは極めて大切なことだと思います。

この章のまとめ

大人は子どもの大変さを何とか解決してあげたいと思い、アドバイスを行いがちです。しかし、それは逆効果になる可能性が高いと思われます。今まで受けたアドバイスを一緒に整理して考えることや、子どもが進もうとしている目的地を明確にすることが大切です。また、既に行っている対処行動を見つけることや、一緒にリラクゼーションをやってみることもアドバイスをしないで子どもをサポートする良い方法だと考えられます。

【文献】

半田一郎　二〇〇四　学校心理士によるカウンセリングの方法　石隈利紀・玉瀬耕治・緒方明子・永松裕希

（編）講座「学校心理士—理論と実践」2　学校心理士による心理教育的援助サービス　北大路書房　一五二－一六三頁
半田一郎　二〇〇九　子どもが活用するスクールカウンセラーと自由来室活動　石隈利紀（監修）水野治久（編）学校での効果的な援助を目指して—学校心理学の最前線　ナカニシヤ出版　一二五－一三四頁
半田一郎　二〇一九　一瞬で良い変化を起こすカウンセリングの〝小さな工夫〟ベスト50—すべての教師とスクールカウンセラーのために　ほんの森出版
森俊夫・黒沢幸子　二〇〇二　〈森・黒沢のワークショップで学ぶ〉解決志向ブリーフセラピー　ほんの森出版
森俊夫　二〇一五　ブリーフセラピーの極意　ほんの森出版
国立成育医療研究センターこころの診療部　二〇二一　新型コロナウィルスに負けないために—リラクゼーション編
https://www.ncchd.go.jp/news/2020/6faff78c4550746f93e6425d8b4d57273f4bb77.pdf

第九章 トラウマ記憶の影響を考えに入れる

第六章では、子どもからの話について認知行動療法の枠組みを使って考えてみました。その具体例では、子どもの話の内容は、全て認知に該当すると考えられ、特に感情は全く語れていないことについて説明しました。そして、感情を言語化して伝え返すことが大切だと説明しました。

もう一度、中学一年生の女子（D）の話を見ていただきたいと思います。

★

実は、…。クラスで、いじめっていうか…。なんか、みんなが無視してくるんです。こっちをチラチラ、こっそり見てくるんです。でも、目が合うとパッと目をそらして、無視するんです。もう全然、誰も話しかけてくれないし、みんなから完全に無視されてるんです。（間）私なんか、もともとみんなに嫌われているし、いなくなった方がいいんです。

★

過去形にならない話

改めて子どもの言葉に注目してみてください。特に、現在のことなのか過去のことなのかということに注目してください。少し違和感があるのではないでしょうか？　ほとんどの文は、「無視してくるんです」などと現在形で語られています。教室へ行ったときのことを思い出して話しているのですから、「無視してきたんです。」「見てきたんです。」などと、過去のこととして語られるのが自然だと思います。この例では、その子どもが教室へ行ったときの体験が、過去のことではなく、まるで今生じていることのように語られています。

実は、このことはトラウマが影響していると感じさせるのです。トラウマ記憶は、いつまでも生々しく感じられて、なかなか過去のものにならないと言われています。例えば、野坂（二〇一九）では、「通常のストレスであれば、『いやだった』『こわかった』という過去形の感覚で想起される。不快な思いは忘れていないが、あくまでも過去の体験であると理解している。『今は、あのときとは違う』とわかっているからこそ、『あのときは最悪だった』と振り返ることができる。ところがトラウマ記憶の場合、年月が経っても、今まさに、『いやだ』『こわい』と感じられる。過去の記憶でありながら、いつまでも過去形にならない記憶。〝今〟も生々しい恐怖が続くのが、トラウマの特徴である。」と述べられています。過去の非常に辛かった体験がトラウマ記憶となって脳に保存されていて、何らかのきっかけによってその体験が生々しく思い出されてくるのです。

子どもの話を聞いていると、この例のように、過去に生じたはずの出来事が現在形で語られることによく出会います。その場合、過去のトラウマの影響があるのではないかと考えてみるのが重要だと思います。この例で言えば、過去に無視されるなどのいじめの体験があり、それがトラウマになっていると考えてみることが大切なのです。

訴えの根拠を聞いてみる

子どもの話を聞いていて、トラウマの影響があるのではないかと考えた場合、どのように子どもの話を聞いていくのが良いでしょうか？　前述の生徒Dの言葉の後からのやり取りを考えてみます。

★

D①　私なんか、もともとみんなに嫌われているし、いなくなった方がいいんです。
大人①　いなくなった方が良いって思うくらい、辛いんだねえ。
D②　どうせ無視されてるし、嫌われてるから…。
大人②　目をそらされたりするのは、ショックだし、本当にイヤな気持ちになってしまうよね。（うん）ああ、辛くなっちゃうね。
D③　無視されるのが、一番辛いんですよ…。本当に…。
大人③　そうなんだね…。辛い気持ちが伝わってくるような気がします…。
D④　…。
大人④　もし大丈夫だったら、教えてほしいんですけど…、無視されてるって分かるのは、他にも理由みたいなものはありますか？

D⑤　えー。前とおんなじなんですよ。
大人⑤　ああ。前とおんなじようにされてるから分かるんですね。
D⑥　そうなんです。小学校五年生のときも、すごいいじめにあってて、そのときも無視から始まったんです。
大人⑥　そういうことがあったんだ〜。それは、本当に辛かったですね…。なんか、今、思い出しても、辛い気持ちが出てきますね。
D⑦　本当にそうなんです。教室へ行くと思い出しちゃうから、余計にイヤなんです。
大人⑦　そうなんだねえ…。目をそらされるだけで、いやな気持ちになってしまうけど…、前のことが頭の中に出てきたら、余計にいやな気持ちになってしまうよね。

★

例えば、以上のようなやり取りができたら、非常に良い流れなのではないかと思います。まず、「いなくなった方がいいんです」という生徒の言葉に対して、大人①では感情を伝え返しています。これは感情の言語化を試みています。次の、D②「無視されてるし、嫌われているから」という言葉に対しては、大人②では「目をそらされたりするのは、ショック」と返しています。「無視」という言葉は、この生徒の捉え方（認知）だと考えられます。もし、「無視されるのは辛いね」と返すと、無視されていることが確定した事実のようになってしまいますので、「無視されるのは辛いね」とは返しにくいように感じます。そこで、「目をそらされたりするのは、ショック」などと返しています。目をそらされたことは、無視されたこととイコールではないのですが、目をそらされたことにショックを感じるのは自然なことです。D③に対しても、大人③は感情の言語化を試みています。それによって、辛い気持ちに少しだけ触れることができたのか、D④では少し間ができました。そこで、大人④では「無視されてるって分かるのは、他にも理由みたいなものはありますか?」と質問しています。これは、「無視」というのは出来事そのものではなく一つの捉え方（認知）ですので、その捉え方の根拠を聞いている質問です。この生徒は、このやり取り以前に「目が合うとパッと目をそらして、無視するんです。」と言っていますので、「目をそらされる」ことが根拠の一つです。ただ、根拠はそれだけではない可能性がありますので、他にもあるか聞いてみることは意味があります。

こういった根拠を聞くような質問に対して、教室で生じた事実関係を答えてくる場合があります。例えば、「呼んだのに振り向いてくれなかったんです」などという答えがある場合です。このようにその場面での事実関係が根拠となっている場合は、現実的に他の生徒とのやり取りの中で問題（無視）が生じている可能性が支持されます。

上述の例では、D⑥で「小学校五年生のときにも、すごいいじめにあってて、無視から始まったんです。」と、自分の過去の体験を答えています。現在の事実関係が根拠ではなく、小学校時代（過去）のことが根拠になっています。現在直面している辛い状況が、生徒の中では過去の体験とつながっていることがわかります。こういった場合、過去の体験がトラウマとなっていて、それが今の不安につながっているのではないかという考えが支持されます。

そういったことを考えつつ、まずは、大人⑥「辛かった」などと感情を言葉にして伝え返しています。その上で、大人⑥「今、思い出しても、辛い気持ちが出てきますね。」と投げかけています。今、生徒が話をしてくれたこの瞬間にも、過去のいじめ被害の体験を少し思い出しているわけですから、それに伴って辛い気持ちが生じることに目を向けつつ感情を受け止めようと関わっています。生徒⑦では、その言葉に応じて、「教室へ行くと思い出しちゃう」と、記憶が想起されることを生徒は答えています。この言葉から、トラウマの影響によって不快な感情が生じていることが明確になりました。それに対して、大人⑦「目をそらされるだけで、いやな気持ちになってしまうけど…、前のことが頭の中に出てきたら、余計にいやな気持ちになってしまうよね。」と答えています。きっかけから、記憶が出てきて、不快な感情がさらに強くなるというメカニズムに沿って言葉を返しています。

トラウマの記憶に触れることは慎重に

この段階では、過去のいじめの出来事の重大さの程度、子ども自身の体験の深刻さ、それによって生じる不快な感情の程度は、まだよく分かりません。そのため、過去のいじめ被害の体験や記憶に触れていくことは慎重でなければなりません。いじめ被害の体験や記憶を話すように促すことはひとまず避けるのが原則だと思います。子どもの反応や様子を見つつ、「なんか、こうやって話すだけでも、前のことが頭の中に出てきて、いやな気持ちになっちゃうよね。」などと話したうえで、「教えてくれて、ありがとう。」と感謝を伝え、一区切りとしたいところです。

こんなふうに、過去のトラウマの記憶を聞くことよりも、きっかけがあって自然とトラウマの記憶が出てきて、不快な感情が生じるというメカニズムに沿って言葉を返すのが基本だと思われます。それに伴って、子どもも「無視されていて不安」という訴えではなく、「思い出すから余計に不安」などと訴えが変化してくるかもしれません。前者は、トラウマによって生じた不安に振り回されている状態ですが、後者は不快な感情に振り回されるのではなく、少し距離が取れて、上手に付き合えるようになった状態だと考えられます。それだけでも非常に意味のある良い変化だと言えます。

「どんなところから分かる?」と聞く

ところで、根拠を聞く際に「分かる」という言葉を使うことは、大切なことだと私は考えています。例えば、「無視されてるって気がするのは、他にも理由みたいなものはあるの?」と「気がする」という言葉を使って聞くこともできます。しかしこの場合、まるで「気のせいだ」

と言われているようなニュアンスが生じてしまいます。同様に、「感じる」「思う」という言葉を使うことも、捉え方の問題だというニュアンスが生じがちです。本来、出来事は一つでも、捉え方は多様であってよいはずです。目をそらしたことは、必ずしも無視ではなく、他の可能性もあります。「気がする」「感じる」「思う」という言葉の方が、捉え方の多様性につながるため、そういった言葉を使うことには、良い面があります。しかし、トラウマ記憶の影響がある場合には、出来事と捉え方が強くつながっていて、本人にはまさにそう「分かる」という体験になるようです。そのため、まずはその体験を大切にしなければなりません。「気がする」などという言葉を使った場合は、信じてもらえないなどと感じ、さらに傷付きを深めてしまう危険性があります。こういったことがあるため、「分かる」という言葉を使うことが良いと私は考えています。

トラウマとは

以上のように、中一女子Dの例は、過去のいじめ被害の体験がトラウマとなっていると考えられます。しかし、一般的にはもっと重大な出来事、例えば災害や犯罪の被害で死に直面したような体験がトラウマだと捉えられているかもしれません。そのため、この例のような無視されたという体験をトラウマだと捉えるのは大げさだと感じる人も多いと思います。しかし、トラウマとは、出来事そのものの重大さや深刻さだけではなく、それをどう体験したかということも重要なのです。例えば、Substance Abuse and Mental Health Services Administration.（二〇一四：大阪教育大学学校危機メンタルサポートセンター・兵庫県こころのケアセンター（訳）、二〇一八）では、トラウマの特徴が三つの「E」として以下のように、まとめられています。「個々のトラウマは、出来事（Event）や状況の組み合わせの結果として生じます。それは身体的または感情的に有害であるか、または生命を脅かすものとして体験（Experience）され、個人の機能的および精神的、身体的、社会的、感情的またはスピリチュアルな幸福に、長期的な悪影響（Effect）を与えます。」とのことです。

つまり、この中一女子Dの例では、過去の無視されたという出来事（Event）が、自分自身の存在を脅かすものとして体験（Experience）され、現在の不安という悪影響（Effect）につながっているトラウマだと捉えることができます。

トラウマインフォームドケア

無視などのいじめとなり得る訴えが子どもから出てきたときに、大人はその問題（無視）が実際に生じているかどうかに焦点を当てて対応すると思います。こういった対応は、その子どもの被害を最小限に食い止めるために、非常に意味のある対応です。

しかし、子どもの訴えてくる問題が現実には確認できない場合も多いのではないかと思います。その場合、大人は、子どもに実際には問題は起きていないことを説明して理解させようとします。その際に、子どもを安心させようとして「気のせいだと思う」「考えすぎないほうが良いよ」などと働きかけることもあると思います。もちろん、子どもが現実的に問題は生じていないことを理解して安心することもあるかもしれません。反対に、子どもは大人が分かってくれないと感じ、孤立感を感じてしまうこともあるように思います。

前者の場合は、対応はひとまず終わって、その後の様子を見守ることが大切になります。後者の場合は、子どもの不安の背景に何があるかを見極めていくことが求められます。そういった対応ではなく、実際に問題は生じていないことを理解させようとする関わりを続けてしまうと、子どもは大人に理解してもらえないと感じて、大人との溝が生じます。反対に、大人は子どもが大げさに言っている、ウソをついている、被害妄想だ、などという捉え方になりがちです。両者は、悪循環になってしまい、子どもがさらに深く傷ついてしまうことにつながります。

こういったことから、子どもが訴えてきた事柄と現実場面での出来事が食い違う場合には、子どもの訴えの背景にトラウマが隠れているのではないかと考えることは非常に重要だと言えます。こういった姿勢は、トラウマインフォームドケア（野坂、二〇一九）と共通するものです。

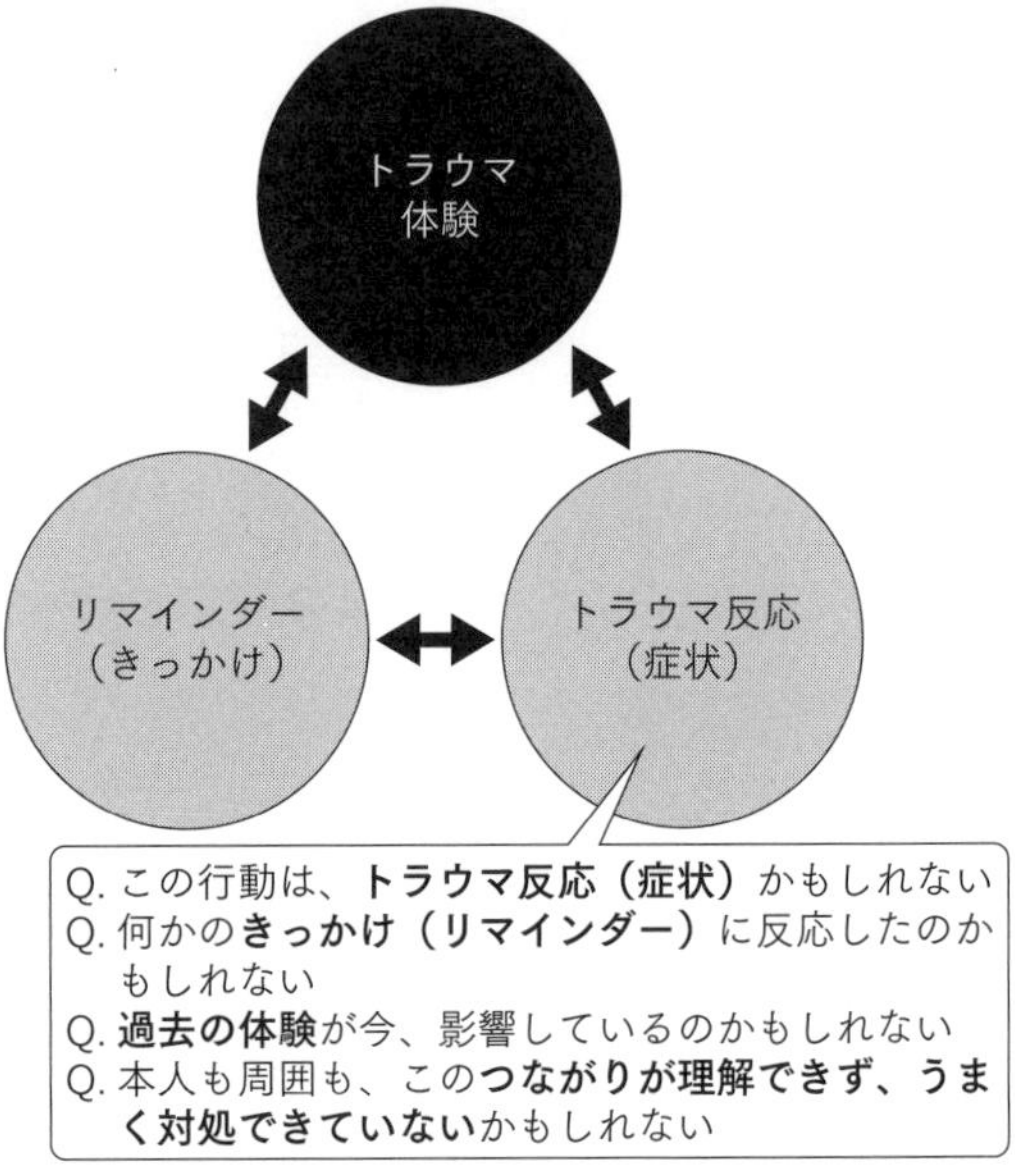
トラウマ
体験
リマインダー
（きっかけ）
トラウマ反応
（症状）
Q. この行動は、**トラウマ反応（症状）**かもしれない
Q. 何かの**きっかけ（リマインダー）**に反応したのかもしれない
Q. **過去の体験**が今、影響しているのかもしれない
Q. 本人も周囲も、この**つながりが理解できず、うまく対処できていない**かもしれない

図4　トラウマの影響を「見える化」する三角形モデル（野坂、2019）

トラウマインフォームドケアでは、トラウマを見える化することを重視しています。図4は亀岡（二〇一九）の三角形モデルにQの形で観点を加えたものです（野坂、二〇一九）。このように、子どもの訴えや行動がトラウマ反応かもしれないという観点から捉えなおし、何かのリマインダー（きっかけ）に反応したのではないかと考えてみるのです。これは「トラウマのめがねで見る」と呼ばれています。トラウマのめがねで見れば、リマインダーが分かり、今の症状（トラウマ反応）とのつながりも見えてくるのです。そして、リマインダーは、減らす・避ける、予測して準備するなどして対応することがで

きます。また、トラウマ反応には、トラウマの理解に基づいてある程度対処することも可能です。こういった「トラウマのめがねで見る」ことが、子どもの理解につながり、新たな傷つき（再トラウマ化）を防ぎ、成長へとつなげていくことになると考えられます。

前述の例に戻れば、子どもが過去に経験したいじめ被害がトラウマ体験となっています。そして、教室で他の生徒と接触する中で実際に生じたことがリマインダーとなっています。さらに、リマインダーによって、トラウマ反応として不安が生じていると捉えられるのです。

この章のまとめ

現実的に生じている問題ではなく過去の体験がトラウマとなって、子どもが辛い思いをしている場合があります。きっかけからトラウマの記憶が引き出されてきて、それに伴って不快な感情が強くなってしまうのです。「現在形」や「過去形」の使い方に注目しつつ、「どんなところから分かる？」などと質問することで、トラウマの影響に気づくことができるかもしれません。これは、トラウマの影響があるかもしれないと考えてみるという「トラウマインフォームドケア」の考え方とも共通するものです。

【文献】

野坂祐子　二〇一九　トラウマインフォームドケア―〝問題行動〟を捉えなおす援助の視点　日本評論社

Substance Abuse and Mental Health Services Administration. 2014 SAMHSA's Concept of Trauma and Guidance for a Trauma-Informed Approach. HHS Publication No. (SMA) 14-4884. Rockville, MD: Substance Abuse and Mental Health Services Administration（大阪教育大学学校危機メンタルサポートセンター・兵庫県こころのケアセンター（訳）二〇一八　ＳＡＭＨＳＡのトラウマ概念とトラウマインフォームドアプローチのための手引き）
https://www.j-hits.org/_files/00107013/5samhsa.pdf

亀岡智美　二〇一九　逆境的環境で育った子どもへの治療的関わり―トラウマインフォームドケアの視点から　児童青年精神医学とその近接領域、六〇（四）、四〇九―四一四

第一〇章
心のサポートと心の成長

今までの章では、子どもたちのSOSの聴き方や受け止め方について書いてきました。子どもたちのSOSの背景には、現実場面で直面する様々な困難があります。子どもは様々な不快な感情を抱きますが、それを大人に受け止めてもらい、現実に向き合っていくことができます。それが子どもの成長につながっていくのです。この章では、このことについて詳しく説明したいと思います。

現実と気持ちを分けて捉える

一般的に子育てでは、「子どもの気持ちに寄り添う」ことが大切と言われています。まずは、このことから考えていきたいと思います。気持ちに寄り添うというのは、どんなことでしょうか？　子どもから「ゲーム機を買って欲しい」という要望が出てきた場合を考えてみます。

子どもの気持ちに寄り添うことを重視する場合、ゲーム機を買って欲しいという気持ちを大切に考えるため、ゲーム機を買ってあげることになると考える方が多いかもしれません。ゲームを買い与えることは、実際にゲーム機が手に入るという点で、子どもの現実を変えています。しかし、必ずしも子どもの気持ちに寄り添っていることにはならないと考えられます。

ゲームを買って欲しいという要望は、ある意味、子どもにとって結論のようなものです。その結論に至るまでに、現実場面では、多種多様な体験があり、心の中では様々に感情や考えが動いたのだと考えられます。例えば、教室で友だち同士がゲームの話をして楽しそうに盛り上がっているのを見て、うらやましい気持ちを感じてゲーム機が欲しくなったのかもしれません。自分以外の友だちがゲームで一緒に遊ぶ約束をして、仲間に入れず寂しい思いをしたためにゲーム機が欲しくなったのかもしれません。動画サイトでゲーム実況を見ていて楽しくなったために、ゲーム機が欲しくなったのかもしれません。こういった、色々な過去の体験から、様々な感情や考えが生じて、「ゲーム機が欲しい」という要望が出てきたのだと考えられます。

また、ゲーム機が手に入ったら、どんなゲームをして、どんなふうに遊びたいか、などと色々と想像してゲーム機が欲しくなったのかもしれません。つまり、未来の想像（考え）と、それによって生じた様々な感情から「ゲーム機が欲しい」という要望が出てきたのだと考えられます。

こういったことから、「ゲーム機が欲しい」という言葉だけでは、その要望に至るまでの様々な気持ちや考えは、十分に表現されているとは言えません。そのため、「ゲーム機が欲しい」という要望の背景にある子どもの気持ちを大人が十分に理解することもできていません。つまり、要望に応えてゲーム機を買ってあげるだけでは、子どもの気持ちに寄り添っているとは言えないのです。

逆に言えば、ゲーム機を買ってあげなくても、つまり、要望に応えなくても、子どもの気持ちを理解して寄り添うことは可能だと言えます。先に書いたような子どもの過去の体験や未来の想像から生じる考えや感情をしっかりと聞き、それに共感するように関わっていけたら、子どもの気持ちに寄り添うことができたと考えられます。そして、子どもは自分の考えや感情が理解され受け止められたことによって、自分自身を認められたと感じるのではないかと思われます。もちろん、子どもはゲーム機を買ってもらえないことに不満を感じると思われます。その不満にも寄り添って、考えや感情を理解し受け止めることはできるのです。

実は、こういった関わり方は、「しつけ」の基本的な関わり方です。大人がしっかりとした枠組みを示しつつ、子どもの感情は受け止めていくことこそが「しつけ」なのです（大河原、二〇〇四）。こんなふうに、現実と気持ち（考えや感情）を分けて捉えて子どもに関わることは非常に大切だと考えられます。

安心・安全の基地としての大人

ここまでは子どもの要望を元に、現実と気持ちを分けて考えることが大切だということを説明してきました。それだけではなく、子どもが困難に直面したときにも、現実と気持ちを分けて考えることが重要なのです。それが、子どもの心をサポートし、子どもの成長を促すことにつながると考えられます。

まずは、小さな子どもの日常的な場面ですが、こんな場面を想像してみてください。

★

二〜三歳ぐらいの小さな子どもと一緒に公園に行って遊んでいます。あなたは、ベンチに子どもと一緒に腰掛けました。子どもは、すぐに少し離れた砂場に走って行きました。子どもは砂場で遊び始めると、こちらを見て手を振ってきます。あなたが手を振り返すと、子どももニコニコしています。でも、すぐにこちらまで走って戻ってきて、「〇〇だよ」と言ってきました。「〇〇だね」と返すと、ニコニコしてまたすぐに走って砂場に戻って行きました。少しして、見たことがない少し年上の子が砂場にやってきました。すると、子どもは緊張した表情で慌ててベンチまで戻ってきてあなたの足に抱きついてきました。「お兄ちゃんが来たね」と返すと、こちらを見てこっくりとうなずきます。さらに「ビックリしちゃったね」と言うと、少し表情が和らぎました。また砂場に向かって走っていきました。少し時間がたった砂場では、年上の男の子の様子を見て、その子の真似をしながら子どもも楽しそうに遊んでいました。

★

こんなふうに、子どもは、身近な大人を安心・安全の基地として、そこから外界に出て行って、現実に直面しながら活動するのです。現実場面で生じた出来事によって不快な感情が生じたときには、身近な大人のところに戻ってきます。そこで、大人から不快な感情を受け止めてもらって、安心・安全の感覚を回復します。そしてまた、安心・安全の基地から出て行って現実場面に向き合うのです。

成長のために大切なこと

以上のように考えると、子どもが成長していくためには、現実場面で不快な出来事に直面してしまうことも、安心・安全の基地でそれを受け止めてもらうことも、両方が大切なのです。大人でも子どもでも、生きていれば必ず、思い通りにならない状況に遭遇します。それが自然なことです。もし、現実場面の不快な出来事を全て大人が取り除いてしまうと、思い通りにならない現実を生き抜いていく力を子どもが獲得することが難しくなってしまいます。それでは子どもの成長につながりません。子どもは問題に直面しながら問題の解決を通して成長していく側面があるのです（石隈、一九九九）。

先ほどの例で言えば、子どもの不安がる様子を見て、やってきた年上の男の子を砂場から遠ざけてしまうことは、子どもの成長にプラスにはなりません。思い通りにならない状況を生き抜く機会を失うだけではなく、他者と関わる機会を奪ってしまう可能性もあるからです。

このことは、中学生や高校生になっても本質的には同じです。学校は必ずしも楽しいばかりの場所ではありません。大変なことや辛いこともあります。そういった現実に直面しても、安心・安全の基地である身近な大人のところに帰ってきて心がサポートされて、また、次の日に現実場面に向かっていけるのです。

ところで、中学生や高校生の時期は、大人から少しずつ離れて自立へと向かっていく時期でもあります。つまり、サポートすることと自立を促すことが両立できるように関わっていかなければなりません。現代社会では、このことがどの人にとっても非常に難しい課題となっているように感じます。子どもに任せて大人は口を出さずに見守るのが良いのか、大人がアドバイスや手助けをして子どもをサポートするのが良いのか判断がつかないことも多いからです。

例えば、いじめや犯罪被害など、子どもに極めて大きな心理的な負担が加わり、子どもが深く傷ついてしまう出来事も沢山生じています。こういった出来事は、子どもの成長にプラスになるとは必ずしも言えません。心理的な悪影響が続くことも懸念されます。そのため、子どもが深く傷ついてしまうような場合は、その現実場面での不快な出来事を大人が改善することも大切なのです。しかし、どの程度の心理的な負担まで許容できるのかは、一概には言えません。子ども一人ひとりの年齢や特質などに応じて考える必要があります。そして、子どもと話し合いながら、大人がどの程度アドバイスしたり手助けをするのかを考えることが大切だと言えます。

子どものＳＯＳについて考える

今まで書いたように、子どもは現実場面で困難に直面することと大人にサポートされることを通して成長していきます。この二つのことをつないでいるのは、子どもからの不快の訴えです。

年齢が上がるにつれて子どもの世界が広がり、大人の見えないところで不快な出来事に直面することが増えてきます。そういった場合は、子どもが大人に不快を訴えなければ、大人は気づかずサポートすることができません。そのため、子ども自身が大人に不快を訴えられること、つまりＳＯＳのサインを出せることが極めて大切なのです。

★

ところで、子どものＳＯＳのサインにどのようなものがあるのか、具体例として様々なサインが挙げられています。例えば、「子供の心のケアのために（保護者用）」（文部科学省、二〇一五）では、子どものストレスのサインとして以下の内容を挙げています。

行動の変化

・学校に行きたがらない。
・学習への意欲が乏しくなる。

・家族に反抗的になる。
・休日でも家に閉じこもりがちになる。
・ゲームや習い事など、好きなことでもやりたがらない。
・ささいなことで物を壊したり、人に攻撃的になったりする。
・何度も手を洗ったり、少しの汚れで着替えたりする。
・ささいな物音に驚く。
・親のそばから離れない、強い甘えが見られる。
・一人になるのを怖がる。

からだの反応
・食欲がない、あるいは過食になる。
・体の痛みやかゆみを訴える。
・眠れない。
・夜尿が始まる、あるいは増える。
・以前には見られなかったチックが出たり、チックが激しくなる。

表情や会話

・ぼんやりしている。
・ささいなことで泣く。
・元気がない。
・笑わなくなる。
・喜怒哀楽が激しい、あるいは無表情になる。
・学校や友達のことを話したがらない。
・一方的に話し、会話が成立しない。

★

こういった子どもの様子や行動が、子どものＳＯＳのサインであることは間違いないと思います。しかし、こういった様子や行動が見られるということは、もう既に子どもは大きな問題に直面していて、つらい思いをしている状態だと思われます。例え方としては良くないかもしれませんが、大きな火と黒い煙を火事のサインだと捉えているようなものです。こういったサインに注目することは、ハッキリとした証拠があって初めて火事だと認めるということです。すっかり火事が大きくなってしまってから気づくことになるのではないかと心配してしまいます。子どもに関わるときも同じです。これらのサインはもちろんＳＯＳのサインです。しかし、こういったサインに注目して子どもを見ていくと、子どものＳＯＳが深刻になってから気づくことが懸念されます。

では、子どものSOSのサインをどのように捉えたら良いでしょうか？　実は、その答えは単純です。子どもが自分から不快を訴えないことが、SOSのサインなのです。

子どもが不快を訴えて、大人がそれを受け止めるという関係性があることが安心・安全のサインです。このことについて、大河原（二〇〇七）は、「自分の不快感情を大人に受け止めてもらえるという安心の中で育っている子どもは、不快感を暴走させることなく、安全なものに変えて抱えていることができるのです。」と述べています。こういった関係性が見られない場合、子どもはSOSを出せずに一人で苦しんでいる可能性があると考えられます。

もちろん、今現在、不快な出来事が生じていないために、子どもが不快を訴えて来ない可能性があります。しかし、不快を訴えてこない状態がずっと続いている場合は、要注意です。生きていれば、どんな人でも現実場面でちょっとした辛い出来事や大変な出来事に遭遇するものです。それが、ごく自然なことです。つまり、子どもが不快を訴えてこないことが続いている場合、辛い出来事や大変な出来事が生じていないと考えるよりも、そういったことが生じているにもかかわらず、訴えることができていないのだと考える方が理にかなっています。

つまり、子どもが不快を訴えてこない場合には、それがSOSのサインかもしれないと考えて、子どもに関わっていくことが求められるのです。

この章のまとめ

子どもは、現実場面で困難に直面したときに、大人に気持ちを受け止めてもらうことを通して、再び現実に向かって行くことができます。こういった良いサイクルが、子どもの成長につながっていくのです。子どもが自分から不快を大人に訴えてくることは、言わば安心・安全のサインです。その反対の子どもが不快を訴えない場合、不快を訴えないことを子どものＳＯＳのサインだと考えて、子どもに関わっていくことが求められます。

【文献】

大河原美以　二〇〇四　怒りをコントロールできない子の理解と援助―親と教師のかかわり　金子書房
石隈利紀　一九九九　学校心理学―教師・スクールカウンセラー・保護者のチームによる心理教育的援助サービス　誠信書房
文部科学省　二〇一五　子どもの心のケアのために（保護者用）https://www.mext.go.jp/a_menu/kenko/hoken/__icsFiles/afieldfile/2015/03/06/1355565_01.pdf
大河原美以　二〇〇七　子どもたちの感情を育てる教師のかかわり―見えない「いじめ」とある教室の物語　明治図書出版

第二章

子どもへの関わり方を磨く

子どものSOSを聴き、受け止めるときには、「何を言うか」という言葉の内容だけではなく、「どのように言うか」という言い方や雰囲気も非常に大切です。人と人のコミュニケーションは、言葉として文字にできる言語的な要素と言葉にならない言葉以前の要素に分けて捉えられます。言葉にならない言葉以前の要素とは、声の抑揚やトーン、質感、リズム、間など文字として表現しづらい要素で、これはプレバーバルな要素と呼ばれます。このプレバーバルな要素が、心をサポートする基本であり、かつ主要部分だと言われています（神田橋、一九九〇）。

今までの章ではプレバーバルな要素について触れることは、ほとんどできていませんでした。それは、言い方や雰囲気は文字として伝えることが十分にはできないからです。そこで、この章では、プレバーバルな要素に気づき、それを生かしていくためのトレーニング方法について紹介します。

感情を五感で感じ取る

本書では、子どもの感情に目を向け、言葉として受け止めることが大切だと何度も話題にしてきました。子どもの感情に気づき、言語化して受け止めるためには、大人が自分自身の感情に気づき、言葉として捉えることが必要だと考えられます。ところで、感情そのものは、プレバーバルなものです。言葉になりにくい様々な感覚とつながっています。相手の言葉を理解するときにも、自分が言葉を発するときにも、その言葉は自分の感覚とつながっていることが大切なのです。そこで、大人が自分自身の感情に目を向け、深く感じ取ることを目指したワークを紹介いたします。神田橋（一九九〇）で、感じる能力を育てる方法として紹介されている「五感イメージ・トレーニング」を少し改変して、自分自身の感情を対象として行う方法です。この方法を思いついて、まずは私自身が試してみました。自分自身の感情を深く感じ取ることにつながったように思いました。そこで、カウンセリング講座などで何度も実施してきたのですが、大変意義深い経験になると感じています。

やっていただくことは単純なのですが、イメージする力や感じる力を総動員して、自分なりに感じ取っていただくことが大切です。ある一つの感情を定めて、その感情について五感（視覚、聴覚、嗅覚、味覚、触覚）を使って、改めて深く感じ取ってみるのです。

感情は、悲しい、嬉しい、悔しい、辛い、嫌だ、嫌いだ、などの形容詞や形容動詞で表現されるものや、好む、喜ぶ、怒る、悲しむ、などの動詞で表現されるもの、怒り、悲しみ、恨み、などの名詞で表現されるものがあります。

まず、ある感情をある人が五感で感じ取った結果をご紹介いたします。感情を五感で感じ取るということが、どういうことかつかんでいただきたいと思います。

その感情は、視覚では、白なのですが、よく見るとうっすらと灰色がかっている白です。聴覚では、シャーッという音がかすかに聞こえてきます。嗅覚では、ほんのわずかにカルキの臭いがするような感じがします。味覚では、特に何も感じられません。触覚では、サラサラしている感覚です。

いかがでしょうか？　感情を五感で感じ取るということが、どういうことかつかんでいただけたでしょうか？　さらに、もう一つの感情を五感で感じ取った結果もご紹介します。

その感情は、視覚では、燃えるような赤です。聴覚では、爆弾が破裂するようなドカーンという大きな音です。嗅覚では、鉄の臭いのような無機質・金属質な臭いです。味覚では、非常に苦い味です。触覚では、ザラザラする感覚です。

二つの感情が何かについては、後で解説します。こんなふうに、ご自身で感情を五感で感じ取ってみてください。その結果はメモしておいてください。なお、ご自身にとってなじみのある感情（時々感じることがある感情）を二つか三つ選んで深く感じとってみてください。そして、次は「怒り」を分解してみてください。やはり、同じようにメモしておいてください。

それでは、どうぞやってみてください。

いかがでしょうか？

どんなふうにやれば良いか分からなくて難しいと感じる人もいらっしゃるようです。繰り返し丁寧にやっていくことによって、少しずつ感情を感じ取る力が高まっていくと思いますので、時々思い出して何度かやってみてください。また、イメージが色々と湧いてきて楽しかったと感じる人もいらっしゃるようです。イメージをどんどん広げてしまうのではなく、その感情をしっかりと感じ取り、ピッタリとした表現にしていくように工夫してみてください。イメージを広げることが目的ではなく、自分自身の感情を的確に捉えられるようになることが目的だからです。

ところで、最初に紹介した五感で感じ取った感情は「孤独」で、次の感情は「怒り」です。「怒り」については、ご自分で感じ取っていただいた結果もあると思います。ぜひ、それと比較してみてください。似ているところもあるかもしれませんが、全く同じ結果になることはないと思います。色々な人にやってもらったのですが、同じ結果になることはありませんでした。似ているところがあったとしても、細かいところに必ず違いがありました。

比較のため、また別の方が「怒り」を五感で感じ取った結果を紹介しておきます。視覚では、深くて暗い黒です。聴覚では、低く鈍く響くゴーッという音です。嗅覚では、酸っぱいようなにおいです。味覚では、ヒリヒリと辛い味です。触覚では、ベトベトする感覚です。

やはり、同じ「怒り」という感情を五感で感じ取ったとしても同じ結果にはならないのです。このことから、人が感じる感情は、同じ言葉で表現されているとしても、心の中で感じられる雰囲気や質感、つまりプレバーバルな要素は、様々に違っていることが分かります。つまり、私の「怒り」と別の誰かの「怒り」は、文字では同じ「怒り」として表現されているのですが、プレバーバルな要素では色々と違いがあると言えるのです。

子どもの感情を理解して受け止めるときには、相手の感情は自分の感情とは違うプレバーバルな要素を持っていることを前提としなくてはならないと言えます。自分の感情を当てはめて分かったつもりになるのではなく、子どもの感情のプレバーバルな要素をしっかりと感じ取っていくことが大切なのです。

ところで、感情を表す言葉は一〇〇種類以上あるとも言われます。様々な感情一つ一つについて、自分自身にとっての感覚を丁寧に確かめながら、五感で感じ取ってみることをお勧めします。また、家族や仲間同士で試してみることも一つの楽しみ方だと思います。同じ感情を五感で感じ取って、その結果を比べてみることも面白いと思います。五感で感じ取った結果だけを伝えて、クイズのように元の感情を当ててもらうのも面白いと思います。色々と試してみてください。

交互色彩分割法を使ってプレバーバルな関わりを体験する

次に、プレバーバルな関わりを体験することを通して、子どもへの関わりを磨くワークを紹介します。様々なカウンセリングの場面で用いられている「交互色彩分割法」という芸術療法(描画療法)を応用したワークです。なお、元々の交互色彩分割法は、次のような方法で行われます。

最初にカウンセラーが画用紙の端にそってフリーハンドで枠を描きます。そして、その枠の内側を分割するように、カウンセラーとクライエントが交代で枠から枠までの線を描きます。ある程度枠が区切られたら、今度は枠の中にできた区画を一つずつ交互にクレヨンで塗って作品を完成させます。様々な領域のカウンセリング場面で活用されていますが、例えばスクールカウンセラーが子どもとのカウンセリングに活用した事例が報告されています（小嶋、二〇〇六）。

交互色彩分割法を応用したワークでは、基本的なやり方は元々の方法と同じですが、一人が聴き手（大人役）、もう一人が話し手（子ども役）となります。クレヨンを使って好きな色で線を描くのですが、大切なことは、全く声を出さないで行うことです。聴き手、話し手としましたが、線を描くことを通して話をするイメージで行います。つまり、プレバーバルな要素だけでコミュニケーションを行うのです。

また、話し手（子ども役）は、イライラしている子ども、孤独感に苦しんでいる子どもなど、何らかの辛い気持ちを抱えている子どもになりきって、自分自身の気持ちや気持ちの動きを線として表現します。聴き手（大人役）は、話し手（子ども役）の気持ちを受け止めサポートするように線を描くのです。聴き手（大人役）が線を描くときには、考えて線を描くのではなく、相手を感じ、自分を感じてそれを線として表現するようにします。話し手（子ども役）は、自分自身の気持ちのままに、それを線として表現して描きます。なお、線を描くときに文字やハート型、星形のような図形を描くことは禁止とします。これらは言語的な（バーバルな）要素を強く持っているため、プレバーバルな要素を感じ取る体験をする妨げとなるからです。

そして、二人が何となく「そろそろ終わりかな」と感じるところで、聴き手の人から「そろそろ終わりにしますか」などと投げかけて、やり取りを終わりにします。元々の方法では、区画を塗るのですが、そうすると描いた線の勢いや雰囲気（プレバーバルな要素）が分かりづらくなってしまいます。そのため、ワークとしては、線を描くだけにすることが良いのではないかと考えています。

作品が完成したら、話し手（子ども役）と聴き手（大人役）の二人で、線を描きながら感じた自分自身の心の動きについて振り返りをします。もし、観察者の役割の人がいたら、その人にも加わってもらい振り返ります。

振り返りの中で語られることが多いのですが、交代で線を描くプロセスでは、様々な感情体験が生じてきます。例えば、話し手は、聴き手がしっかりと受け止めてくれたと感じ、少しずつ安心して線を描くことができたと感じることもあります。反対に、聴き手の描く線によって、余計にイライラしたり、さらに孤独を強く感じたりする場合もあります。また、聴き手はどのように線を描いて良いか分からなくなることがよくあります。そのため、自信が持てないまま線を描いて相手に関わっていくことも多いかもしれません。そういったプロセスを振り返りながら、自分自身を見つめることが大切です。

この方法は、二〇年ほど前に大学のカウンセリングについての講義の中で演習として実施しました。数年間続けましたが、非常に良い手応えを感じました。なお、ほぼ同じ時期に同じ趣旨で、交互色彩分割法を用いた実習が実践されたことが報告されています（三宅、二〇〇九）。そこでは、自己理解を深め、自分のコミュニケーションの特徴についてふりかえり、よりよいコミュニケーションのあり方について検討する、今後の自分が取り組むべき課題を捉えるといった意味があると考察されています。

私の講義の中では、一人が一回ずつ体験する程度でしたが、何度でも繰り返しやってみる価値があるワークだと思います。ぜひ、やってみてください。

この章のまとめ

子どものSOSを受け止めるためには、プレバーバルな要素が重要です。プレバーバルな要素に気づき、生かしていくための二つのワークを紹介しました。感情を五感を通して感じとってみるワークと、線だけでコミュニケーションをとってみるワークです。どちらも、楽しく意義深い経験になると思います。ぜひお試しください。

【文献】

神田橋條治　一九九〇　精神療法面接のコツ　岩崎学術出版社

小嶋玲子　二〇〇六　交互色彩分割法の学校臨床場面での適用―「やりとり」と「自由度」に注目して　心理臨床学研究、二四(三)、三三五―三四六

三宅理子　二〇〇九　交互色彩分割法の活用の可能性―教員養成課程におけるカウンセリング実習への適用から　島根大学教育臨床総合研究、八、一〇一―一一二

第一二章

まとめに代えて――「となりのトトロ」の物語から考える子どものサポート

映画「となりのトトロ」について

この本では、子どものSOSの聴き方・受け止め方について詳しく解説してきました。最後の章として、まとめに代えて映画「となりのトトロ」をもとに、主人公のサツキに焦点を当てて子どものサポートについて考えてみたいと思います。

「となりのトトロ」(©1988 Studio Ghibli) は、一九八八年に公開された映画です(原作・脚本・監督：宮崎駿／制作：スタジオジブリ)。その後、何度もテレビで放送されてきましたが、視聴率は毎回高い値となっています。いつまでたっても人気が衰えない素晴らしい物語です。

トトロの人気の秘密は、トトロなどのキャラクターのかわいらしさだけではありません。子どもがサポートされながら成長していくという物語こそ人気の秘密だと感じます。そのことを少しずつお話ししていきたいと思います。

主人公サツキと家族について

主人公はサツキという小学校四年生(一〇歳)の女の子です。なお、年齢は、後から小学校六年生へと設定変更されましたが、ここでは元々の設定どおり一〇歳として考えます。サツキは元気で明るい、いわゆる良い子です。また、母親が入院中なので、家事も担っている真面目でしっかり者です。年齢よりも大人びた印象です。

メイは、サツキの妹で四歳です。サツキとは対照的な性格で、わがままで甘えん坊です。四歳という年齢相応の子どもらしい子どもです。

ところで、サツキとメイの父親は、どんな人だと感じますか？　優しい、真面目などという答えが返ってくるかもしれません。確かに、父親は真面目で優しい印象が強いように思います。サツキが初めてススワタリ（まっくろくろすけ）に出会って不安になってしまったときには、「そりゃすごいぞ。お化け屋敷に住むのが、子どものころからのお父さんの夢だったんだ。」と言って、サツキの不安を和らげてくれます。子どもと同じ目線を共有して気持ちを分かってくれる優しさが印象的です。また、家で書き物の仕事をしているときには、集中して真剣に取り組んでいて真面目な印象が強く感じられます。

しかし、実は父親は抜けていて頼りない面も持っています。例えば、ある日の朝には父親だけ寝坊していて、メイに起こされて目を覚まします。そのときには、サツキは朝食だけではなく、家族三人分のお弁当まで作っていました。この朝は、サツキが転校して初めて、新しい学校に登校する日でした。そういう非常に大切な朝なのですが、父親は寝坊していたのです。しかも、その日はサツキがせっかく作ってくれたお弁当をメイに食べさせることもすっかり忘れてしまい、サツキが学校から帰ってきてやっと気づきます。また、三人で自転車に乗って母親の病院までお見舞いに行くときにも、父親は途中で道を間違えそうになってサッキに指摘されています。こんなふうに、大切な場面で抜けていることが多く、頼りない面が強いと言わざるを得ません。

次に母親について考えてみます。母親は病気で入院していて、家にいません。サツキたちの家族は、母親の療養のために自然が豊かな土地に引っ越してきたのだと考えられます。時代背景や状況から考えると、母親の病気は結核なのではないかと思われます。結核は、今でも重大な病気ですが、トトロの物語の当時は死に至る恐れがある怖い病気です。つまり、母親は自分自身の健康上の大きな問題を抱えているのです。しかし、お見舞いのときの様子からは、サツキやメイのことを大切に考えていて、優しい印象が強いと思われます。

カンタについて

つぎにサツキの同級生のカンタについて考えていきたいと思います。カンタは、サツキと初めて会ったときには、あっかんべえをしたり、「おまえんち！　おっばけやーしき!!」と大声で言ってからかったりしています。先生や家族から叱られる場面も何度かあり、やんちゃな男の子という印象です。しかし、優しく頼りがいもある男の子でもあります。例えば、サツキが傘を持っていなくて雨宿りをしていたときには、カンタが傘を貸してくれました。また、父親の仕事場に電話をかけなくてはならないときにサツキを本家まで連れて行ってくれて、しっかりとした態度で本家の人と話をして、サツキに電話を貸してもらっています。また、メイが迷子になったときには、大人用の自転車に三角乗りをして、メイを探してくれます。三角乗りは、アクロバティックな乗り方で誰にでもできるわけではありません。カンタの非常に頼もしい面が伝わってきます。

ところで、少し考えてみていただきたいのですが、カンタにトトロは見えるでしょうか？もちろん、メイやサツキにはトトロが見えています。カンタにトトロが見えているかどうかハッキリと分かる場面はありませんが見えていたようです。カンタの祖母も小さい頃にはススワタリが見えていたようです。しかし、私はカンタにはトトロは見えていないのだと考えています。そういったことを手がかりにして、子どものサポートについて考えを深めていきたいと思います。

カンタの傘

カンタが優しくて頼りがいがある側面を最初に見せてくれる場面は、傘を貸してくれたシーンです。サツキとメイが学校から帰ってくるときに大雨になってしまい、そのときにカンタが傘を貸してくれたのです。その場面の、少し前から物語を追っていきます。

ある日、サツキが学校で勉強をしていると、カンタの祖母が学校へメイを連れてやってきました。メイはお姉ちゃんのサツキがいなくてさびしくなって、カンタの祖母にわがままを言って学校まで連れてきてもらったようです。担任の先生は快くメイを教室に受け入れてくれて、メイはサツキの教室で一緒に机を並べて座り、お絵描きをして楽しく過ごしました。

その帰りのことです。サツキとメイは一緒に学校から帰っていたのですが、途中で雨が降り出してしまいました。サツキとメイは、傘を持っていなかったために、雨の中を濡れて家に向かっていました。でも、あっという間に本降りになってしまい、二人はお地蔵さんのお堂で雨宿りをすることにしました。ちょうどそこに、傘をさしたカンタが通りかかります。カンタは、少し迷ったようですが、「ん！」と言ってサツキに自分のさしていた傘をつきだして、半ば無理矢理にサツキに傘を貸してくれました。そして、自分は傘をささないで、雨の中を走って行ってしまったのです。サツキに意地悪を言っていたカンタがつっけんどんに傘を貸してくれる様子が大変微笑ましく感じられるシーンです。

ところで、サツキは傘を持っていないのに、どうしてカンタは傘を持っていたのでしょうか？　前述のように、カンタはいわゆるやんちゃ坊主です。朝学校に行くときに、今日の天気を気にして傘を持っていくようには思えません。しかも、この日の朝は晴天でした。それにもかかわらず、なぜかカンタは傘を持っていたのです。なぜなのでしょう？

実は、理由は極めて単純だと思われます。母親か祖母がカンタに傘を持って行かせたのでしょう。しかし、なぜか、サツキは傘を持って登校していません。そのため、メイと一緒に下校するときに、傘がなくて困った状況に陥ってしまいます。サツキが傘を持っていないのは少し不思議ですが、それは後で考えていきます。

カンタとサツキは対照的

傘を巡ってカンタとサツキのおかれている状況は、見事な対比で描かれています。カンタが持っている傘は、大人用のいわゆるコウモリ傘です。父親のお下がりなのかもしれませんが、穴だらけの「ボロ傘」なのです。そのため、傘をさしたところで、雨でずぶ濡れになってしまうように思われます。一方、サツキはこの場面では傘は持ってきていないのですが、家にはきちんとした、子ども用の赤い傘があります。

ここで、先ほどの疑問をもう一度考えてみて下さい、なぜ、ちゃんとした傘があるのに、サツキは学校に傘を持って行かなかったのでしょうか？　カンタと正反対ですが、理由はやはり簡単です。サツキは、自分が家族の生活を切り盛りしているため、自分自身のことが後回しになってしまったのだと思われます。さらには、「雨が降るから傘を持っていってね」と言ってくれる大人がサツキの傍にはいなかったのです。サツキの母親は、病気で入院しています。父親も、遠くの仕事場まで朝早くに出かけてしまうのです。朝、登校するときには、サツキは一人で家を出てきたのです。きちんとした物（傘）はあっても、サツキを気遣ってくれる大人のサポートが身近になかったのです。一方、カンタには、「ボロ傘」しかありませんが、気遣って持っていくように言ってくれる大人が身近にいたのです。

サポートの本質

ところで、傘はサポートの象徴だと言えます。雨はストレスの象徴として捉えられ、傘はそのストレスから自分を守るものとして捉えられます（藤掛、一九九九）。しかし、サツキとカンタの対比から、サポートの本質は傘という物そのものではないことが分かります。完璧な「物」が用意されていることがサポートの本質ではないのです。「ボロ傘」であっても持って行くように言ってくれる人の気持ちがサポートなのです。つまり、カンタのボロ傘のようにサポート自体は不完全ではあっても、相手のニーズに気づきそれをサポートしようという人間の意図がサポートの本質なのだと考えられます。

雨宿りをしているサツキたちを見かけたカンタは、「ボロ傘」を強引に貸してくれました。ただ、サツキとメイの二人で、カンタの「ボロ傘」をさして家に帰っても、たぶんずぶ濡れになってしまうと思われます。単に、雨に濡れるか濡れないかだけで考えれば、カンタの行動は全く意味がありません。しかし、そのことよりも、困っていることに気づき、助けてくれたカンタの気持ちそのものが大切なのです。カンタの優しさは、きっとサツキをしっかりとサポートしてくれたのだと思います。

頑張り屋のサツキ

ここで、もう一度、主人公のサツキについて考えてみます。サツキは物語の中で様々な面を見せています。シーンを追いながら詳しく見ていきたいと思います。

サツキは、母親の代わりになって、家族を支える頑張り屋さんです。たとえば、父親が寝坊をしてすっかり寝過ごしてしまっても、サツキはメイに手伝わせながら朝食の準備を整えています。父親はメイに起こされてやっと起きます。そしてサツキが朝食を作っているのを見て「すまん、また寝過ごした。」と謝っています。「また寝過ごした」と言っているところから、父親が寝過ごしてサツキが朝食を作ったのは今回だけではないことが分かります。しかも、サツキは、朝食だけではなく、お昼のお弁当まで作ります。サツキは「今日から私お弁当よ」「みんなのも作るね」とさわやかに言い、自分のお弁当だけではなく、父親とメイのお弁当まで作ってしまいます。メイはサツキにお弁当を作ってもらって、飛び上がって喜びます。そして、作ってもらった自分のお弁当を見つめながらうっとりとため息をつきます。メイは、本当にうれしそうに見えます。

サツキは、家族みんなのことを考えて、細かく気配りをしているのです。その上、こういった朝食とお弁当の準備という非常に忙しいさなかに、起こされてからやっと起きてきた父親に対して、文句一つ言わないのです。終始、元気で明るさがいっぱいです。サツキは、家事を担っているだけではなく、メイや父親の気持ちにも気配りをしていると感じられます。

また、サツキは父親のことも心配し、世話を焼きます。父親が傘を持たずに仕事に出かけてしまったときには、サツキはそれに気づいて、バス停まで父親の傘を持って迎えに行きます。しかし、父親が帰ってくるはずのバスには父親は乗っておらず、サツキはメイと一緒にバス停で待ち続けます。そのうちに、すっかり日は暮れてしまい、真っ暗な中に街灯の明かりだけが光っています。しかも、メイは疲れて、サツキの側で立ったままうとうとし始めます。サツキは仕方なく、メイを背負ってそのままバスを待ち続けるのです。メイはサツキに甘えることができたのですが、サツキは誰にも支えてもらうことができません。サツキ自身も、非常に心細い気持ちになっているはずですが、そのままバス停で待ち続けるのです。サツキは本当に頑張っているのです。

他にも、サツキは家族以外との連絡もきちんとこなします。サツキたちがカンタの祖母と一緒に畑で野菜の収穫をしているときに、電報が配達されて来ます。それは母親が入院している病院からのもので、連絡を求める内容です。カンタの祖母は、カンタを呼んで本家に行って電話を借りるように促します。サツキは、カンタの家の本家で電話を借りて、父親の研究室まで電話を掛けるのです。

今では電話はごく日常的で手軽な道具ですが、サツキの時代には、特別なもので手軽さは全くありません。カンタがついてきてくれているとはいえ、見知らぬ家で電話を借りることは、簡単なことではないでしょう。しかも、電話はプッシュ式でもダイヤル式でもありません。交換手に掛ける先を伝えなくてはならないのです。サツキは、「市外をお願いします。」「東京の三一局の一三八二番です。」と交換手に父親の大学の研究室の番号をきちんと伝えます。そして、電話がつながると「もしもし、考古学教室ですか？　父を、あの草壁をお願いします。」と丁寧に話します。電話を掛けているときのサツキは、不安を強く抱えていて、しかも、それを一生懸命抑えているように見えます。母親の病気への不安に直面しながら、きちんと連絡をつけるということは、なかなかの仕事です。それを、サツキはしっかりとこなしています。ただ、一〇歳の子どもの果たす役割ではなく、家族に大人がいれば、その大人が果たす役割だと考えられます。やはり、サツキは相当な頑張りぶりなのです。

ヤングケアラーとしてのサツキ

二〇一〇年代の終わり頃から、ヤングケアラーという言葉が注目されています。ヤングケアラーとは「家族にケアを要する人がいる場合に、大人が担うようなケア責任を引き受け、家事や家族の世話、介護、感情面のサポートなどを行っている、一八歳未満の子ども。」と日本ケアラー連盟のホームページ（https://carersjapan.com/）では定義されています。

前述したように、サツキは家事を担い、家族の気持ちに気を配り、大人が果たすような社会との連絡役を担っています。ヤングケアラーの定義に十分該当すると考えられます。反面、サツキをヤングケアラーだと捉えることに抵抗がある人もいるかもしれません。ヤングケアラーであると捉えることは、元気で明るい良い子のサツキをおとしめたり傷つけたりするものではないと私は思います。

一般にヤングケアラーの子どもたちは、ケアの経験から素晴らしい価値を身につけています（濱島、二〇二一）。「辛い状況でもやり抜く強さを持つ者や、他者の気持ちをくみ取ることに長けている者、心の底から優しい者、他の人の期待に応えようと精一杯努力する者もいる。」ということです。また、「障害や病気に関する知識や家事のスキル、介護のスキルは、当然ながら同年代の者には負けないであろう。」と言われています。こんなふうに、家庭でのケア役割を担うことによって、たくさんの意味のある貴重な体験を重ねていて、それが成長につながっていると考えられるのです。サツキの元気で明るい良い子の姿にも通じるところだと思います。

しかし、そういった素晴らしい側面の陰には、ヤングケアラーの子どもたちが、様々なマイナスの影響を受けていることが心配されます（濱島、二〇二一）。例えば、本人も周囲もケアとは気づきにくく、時間的、肉体的、心理的な負担が大きくなっている可能性があります。また、学校、健康、生活への影響もあります。さらには、人に話せない、話さないということも生じがちです。こういったことから、ヤングケアラーの子どもたちは、人知れず家庭でのケア役割に伴うマイナスの影響を受けながら、頑張らざるを得ない状況に陥っている可能性があるのです。

サツキにも、家庭でのケア役割を担うことをとおして、様々な負担がかかっていると思われます。もちろん、ヤングケアラーとしての側面はサツキの一つの側面に過ぎません。しかし、サツキは元気で明るい良い子というだけではないことを考える一つの入り口となると思います。

サツキにかかっている心理的な負担

サツキは、家事をこなし、父親をサポートして頑張っているのですが、それらは現実的に大きな負担だと思います。それだけではなく、心理的な負担も非常に大きいのです。それが分かるシーンは、物語の後半にあります。

母親の入院している病院から電報があり、カンタの本家の電話を借りて、サツキは父親と連絡を取ります。母親の一時帰宅が延期されることが分かります。その後、サツキはメイに「お母さん、体の具合が悪いんだって。だから今度帰ってくるの、のばすって。」と説明します。

しかし、メイは「やだーっ!!」と聞き分けがありません。サッキが、重ねて言って聞かせますが、メイは「やだーっ!!」の一点張りです。ついにサツキは感情を爆発させ「メイのバカ!!」「もう知らないっ!!」と叫び、メイをほったらかしにして一人で行ってしまいます。

その後もサツキとメイはすっかり落ち込んでいます。サツキは洗濯物も取り込まずに、ただゴロッと畳の上に横になっているだけです。そこへ、カンタの祖母が、心配して様子を見に来てくれます。カンタの祖母が、お米をとぎながら「お母さん風邪だっていうんだから、次の土曜日には戻ってくるよ。」と言ってサツキを元気づけようとします。サツキは、「この前もそうだったの、ほんのちょっと入院するだけだって、風邪みたいなものだって…。」と話し始めます。サツキは、不安を抑えて冷静さを保って話そうとしているように見えます。しかし、「お母さん死んじゃったらどうしよう!!」と叫ぶように言い、母親が死んでしまうかもしれないという不安が吹き出してきます。そして、その場に立ちつくして、くしゃくしゃに顔をゆがめて、小さな子どものように泣きじゃくってしまいます。

サツキは大きな不安を抱えています

こんなふうに、サツキは、一見元気で明るい良い子ですが、母親の病気について大きな不安を抱えています。一時帰宅が延期になったから急に不安になったのではなく、今までは押し殺していた不安が一気に吹き出して来たと考えることが良いのではないかと思います。母親が病気で入院しているだけで、子どもは、寂しい思いや不安な思いを感じるのが自然です。その上、ちょっとした入院だと言われていたのに、長引いてしまうのは、不安がかき立てられる状況です。サツキは、母親には心配をかけないように元気に振る舞い、父親には負担をかけないように、一所懸命に母親代わりに家事をこなしてきたのだと考えられます。そして、自分が抱えている寂しさや不安は、押し殺してきたのだと考えられます。

大河原（二〇一五）では、「学校でどんなにがんばっていたとしても、いやなことがあったときには、家に帰ってくれれば不機嫌に八つ当たりをして、ぐずぐずと荒れた様子を示すことができる。そして、ふとしたタイミングで『いやなことがあったんだもん』とわめき、親の胸でわんわん泣くことができる。」という姿を現わせる子どもが本当の意味での「よい子」だと指摘しています。親との関係性の中で自分自身の不快な感情を抱えることができているのです。そのことが、自分自身で自分の不快な感情とうまく付き合っていく力を育てていくと考えられます。

このように考えると、カンタの祖母が関わってくれたことは、サツキにとっては本当に大きなサポートになっていたと言えます。両親だけで、子どもをサポートし続けることは現実的ではありません。子どもは、たくさんの人に支えられながら成長していくのが自然なことだと思います。

カンタの祖母がサツキやメイをサポートしてくれているのですが、トトロもサポートしてくれていると考えられます。ここで、サツキやメイに対してトトロがしてくれたことをシーンを追いながら見ていきたいと思います。

トトロがしてくれたこと

まずは、物語に初めてトトロが登場してきたシーンについて考えます。物語の中で初めてトトロに出会ったのはメイです。サツキが初めて学校へ行った日は、メイは父親と二人で家で過ごしていました。父親は、仕事の書き物に取り組んでいて、メイは家の周りの父親から見えるところで草を摘んだりしながら遊んでいました。初めのうちは、父親のところに、摘んだ花を持ってきて、「お父さんは、お花屋さんね」と投げかけて、やり取りをしながら遊ぼうとします。でも、父親は書き物に集中していて、メイの相手はあまりしてくれません。そのうちメイは飽きてしまって、家の周りを探検し小トトロに出会います。メイは小トトロを追いかけて、藪の中に入って行ってしまいます。その奥で、寝ているトトロに出会います。そして、トトロのお腹の上で安心して眠ってしまうのです。その後、サツキが学校から帰ってきて、メイがいないことに気づいて、メイを探してくれます。サツキは、藪の中で眠っているメイを見つけます。サツキに起こされて、やっとメイは目を覚まして、トトロに会ったことを父親とサツキに報告するのです。

つまり、メイは午前中から夕方まで、昼食も食べずに一人だけで遊んでいたのです。四歳の子どもが親（大人）の目を離れたところで数時間も過ごすのは危険なことです。この後のシーンで描かれていますが、メイが迷子になったときには、集落中総出でメイを探し回ってくれます。池をさらう場面も描かれていて、池に落ちる事故も生じうることが分かります。つまり、父親が仕事に集中してしまい、メイの様子まで気が回らなくなっていた状況は、命のリスクもあった状態だったと考えられます。そういうリスクもある場面にトトロは一緒にいてくれたのです。トトロはただ寝ていただけですが、メイはそのお腹の上で安心して眠ることができました。トトロがメイをしっかりとサポートしてくれていたと考えられます。

次に、サツキが初めてトトロに出会ったシーンについて考えます。サツキが初めてトトロに出会うのは、父親に傘を持ってバス停まで迎えに行った場面です。その日、朝はお天気だったのに、夕方からは本降りの雨になりました。サツキは、学校から帰ってきてメイと二人で父親の傘を持って、バス停まで迎えに行きます。しかし、父親は帰ってくるはずのバスには乗っていません。それでも、二人は次のバスをそのままバス停で待ち続けます。なかなかバスはやって来ず、あたりが真っ暗になっても、まだバスは来ません。メイはすっかり疲れてしまったため、サツキはメイをおんぶして片手で傘をさして父親を待ち続けます。メイはいつの間にかサツキにおんぶされたまま眠ってしまいました。たった一つの街灯の明かりの中、一人で誰かを待ち続けるのは、どんな人でも不安と孤独で気持ちがいっぱいになってしまうと思います。サツキはまだ小学四年生ですから、本当に心配で心細い気持ちになっていたと思います。そんなときに、トトロがサツキのところにやってきたのです。サツキは、メイが出会ったトトロだと気づき、トトロに父親の傘を貸してあげます。トトロは、特に何も助けてくれるわけではありませんが、傘にあたる雨粒の音を楽しみながら、サツキのとなりに並んで一緒にバスを待ってくれました。少ししてネコバスがやってくると、トトロは葉っぱでくるんだドングリをサツキに渡して、ネコバスに乗って行ってしまいました。そして、そのすぐ後に、父親の乗ったバスがやっと到着しました。父親がバスから降りて来ると、サツキは「トトロに会っちゃったー！」と飛び回りながら喜んでいます。トトロがとなりにいてくれたお陰で、サツキの心細く不安な気持ちが和らぎ、安心して父親を待つことができたのだと思われます。

また、物語の終盤でもトトロはサツキのところに現れます。あるとき、メイがサツキやカンタの祖母も知らないうちに、一人で病院へ行こうとして迷子になってしまいます。サツキだけではなく、カンタや集落の人総出でメイを探し回りますが、見つかりません。池をさらう人もいて、命の危険も考えられる状況です。父親は帰ってきていないので、サツキは本当に不安な気持ちで一杯ではないかと思われます。そのとき、サツキはトトロのことを思い出し、トトロに助けを求めます。サツキのSOSに応えて、トトロが現れ、ネコバスを呼び寄せてくれます。トトロは一緒には行かないのですが、ネコバスはメイのところまで連れて行ってくれて、最終的には母親の病室のすぐ近くの木の枝の上まで一緒に行ってくれます。母親が父親と楽しそうに話をしている様子を、サツキとメイはネコバスと一緒に眺めることができました。母親と父親の様子を見て、サツキとメイの不安な気持ちは、すっかり軽くなったのです。

こんなふうに、サツキやメイに大人のサポートが届いていないときに、トトロが現れてサポートしてくれています。どこでどんなふうに見ているのか分かりませんが、トトロはサツキとメイの危機に現れてサポートしてくれるのです。この章の前半で、カンタにはトトロが見えないのではないかと書きました。カンタには傘を持たせてくれる家族がいて、ある程度しっかりサポートされています。そのため、カンタをサポートするためにトトロが現れることはないのだろうと想像できます。少し寂しいような気もしますが、本当は幸せなことです。

そばにいてくれるトトロ

前述のようにトトロは、メイをお腹の上で寝させてくれたり、バス停で一緒に待ってくれたりしたのですが、ただ一緒にいてくれただけです。トトロは父親のバスが早く着くようにしてくれるわけではありません。真っ暗な夜道を明るく照らしてくれるわけではありません。サツキの代わりに、メイをおんぶしてくれるわけでもありません。つまり、トトロは現実を変えることは一切してくれないのです。ネコバスも病室の窓の前まで連れて行ってくれたのですが、一緒に眺めるだけで、現実を変えることはしてくれません。それでも、サツキやメイには、心強いサポートだったと考えられます。メイは、トトロのお腹の上で安心して眠ることができました。また、サツキは、真っ暗な中、雨粒の音を楽しみながら父親の帰りを待つことができました。そして、病室で父親と楽しそうに話す母親の様子を見て安心することができたのです。

ところで、トトロはバス停ではサツキが貸してあげたサツキの父親の傘を持って行ってしまいました。傘はサポートの象徴です。サツキは父親のために、傘も持って迎えに来てずっと待ち続けていたのです。サツキは、このときも家族をケアするという役割を担っているのです。父親のための傘をトトロが持って行ってしまったのは、家族をケアする役割からサツキを少しだけ自由にさせてくれたようにも思われます。そして、その代わりなのか、トトロはドングリをくれました。傘は、サポートの象徴ですが、ドングリは未来や成長の象徴のように感じます。大切な何かがその中には入っていて、条件が整えば芽を出し大きく成長するのです。

二人は、そのドングリを庭先に埋めて、毎日のように眺めます。二人にとって、そのドングリはただのドングリではなく、トトロを思い出させてくれるドングリです。毎日毎日、芽が出るのを待ちながら、自然とトトロのことを思い出していたのだと思います。第三章では、子どもをサポートしようとしている私たち大人の存在を辛いときに思い出してもらうことが良い変化につながっていくと書きました。私たち大人は、言葉を通して関わり、子どもに思い出してもらえるチャンスを作ろうとしています。トトロは、全く話さない代わりに、ドングリを通してサツキやメイが思い出せるチャンスを作ったのだと考えられます。

ドングリをもらった数日後、サツキとメイは二人で同じ夢を見ました。その夢の中ではトトロの真似をしながら、ドングリの芽と一緒になって自分たち自身がどんどん伸びていくように踊ったのです。その朝、ドングリは、芽を出していました。トトロが、傘の代わりにドングリをくれたことで、サツキとメイは自分たちが未来に向かって成長する存在であることを改めて実感したのではないかと思います。

今までずっとサツキは、母親の退院を待ちながら暮らしていました。母親のことを心配しながら、不安と孤独が入り交じった気持ちで待っていたのだと思います。また、父親をバス停で待っているときも、父親がなかなか帰ってこないために不安や孤独な気持ちを抱えながら、その気持ちを我慢しながら待っていたのだと思われます。こんなふうにサツキは、不安と孤独を抱えながら待つことが多かったのだと考えられます。トトロがドングリをくれたお陰で、芽が出ることを楽しみに待つようになり、毎日のサツキの気持ちの動きが少しだけ変わったように感じます。芽が出るまでの間も、芽が幼木へと成長している間も、サツキとメイの気持ちの中では、トトロがそばにいてくれたのではないかと思います。

こんなふうに、トトロは現実を変えてくれたわけではなく、サツキやメイの心の中でそばにいてくれて、気持ちをサポートしてくれたのではないかと思われます。まさに「となり」にいるトトロなのです。

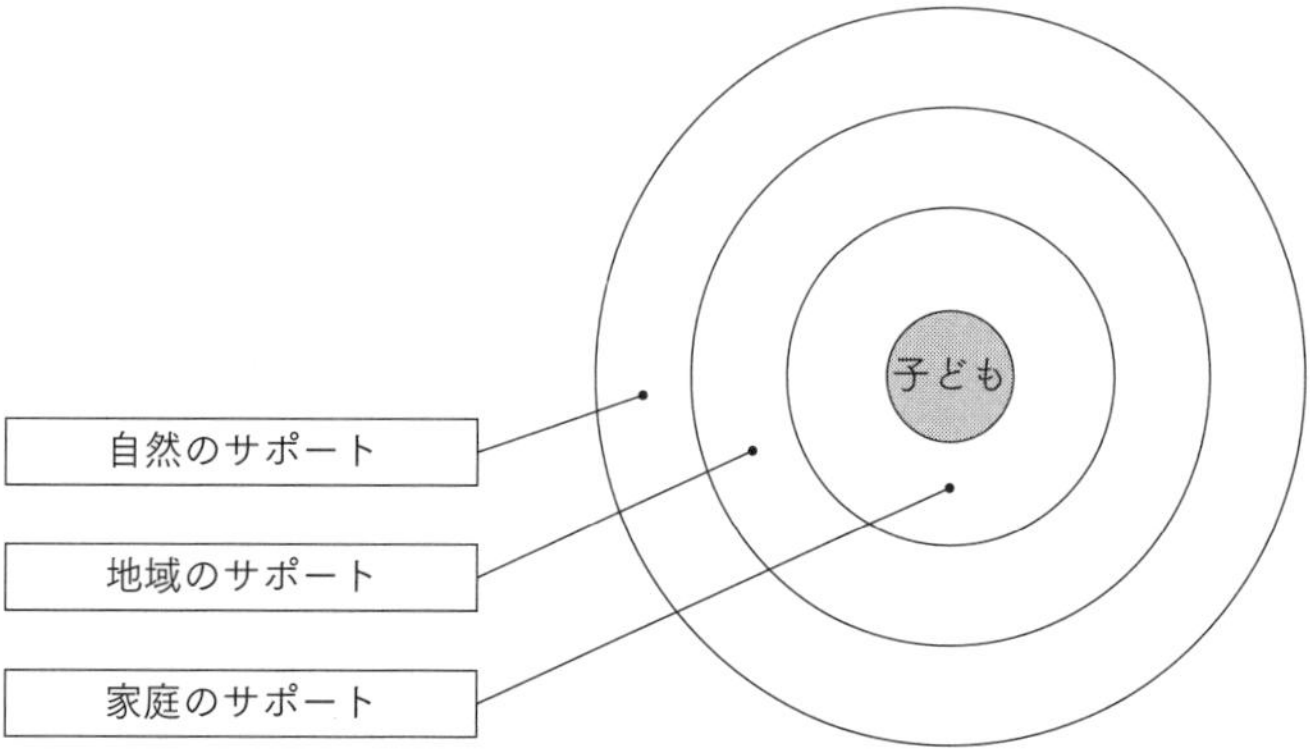

図5　子どもが3重に守られている

第一〇章では、現実を変えるのではなく、気持ちをサポートすることが大切だとお伝えしました。トトロがしてくれたことは、このこととピッタリ一致していると思います。トトロは、現実は全く変えてくれてはいないのですが、一緒にいることを通してサツキやメイの気持ちをサポートしてくれたのです。

三重のサポート

トトロのいる世界では、大人のサポートが子どもまで届いていない場面にトトロが現れ、子どものとなりにいて、子どもをサポートしてくれるのです。このことは、上のような図5にまとめられます。

子どものすぐ外側にあるサポートは「家庭のサポート」です。映画「となりのトトロ」でも父親は頼りなくて、抜けているところがありますが、それでも父親なりにサポートしています。母親も、入院中の限られた関わりですが、子どもたちをサポートしています。そして、家庭のサポートの外側には「地域のサポート」があります。カンタの祖母が色々と面倒を見てくれたり、学校もメイを教室に受け入れて一緒に勉強させてくれたりなど、地域でサポートしてくれているのです。さらに、地域のサポートの外側には「自然のサポート」があります。トトロは、父親によれば「つか森の主」です。言わば自然の象徴なのです。地域のサポートも子どもに届いていないときに、トトロが現れて子どもをサポートしてくれているのです。

現代の子どもたちに三重のサポートはあるでしょうか？

今まで見てきたように、映画「となりのトトロ」の世界では、子どもたちは三重にサポートされています。一方、現代の子どもたちに三重のサポートはあるでしょうか？　家族のサポートが十分ではない子どももたくさんいます。家の中に居場所がなかったり、家族との関わりの中で辛い思いを重ねていたりしている子どもたちも多いのです。また、地域のサポートはどうでしょうか？　例えば、地域の中に子どもたちが信頼して関わることができる大人がいるでしょうか？　困ったときに家族以外の大人に頼ることができるでしょうか？

現代の子どもたちの状況を見ていると、必ずしもしっかりとサポートされているとは言えま

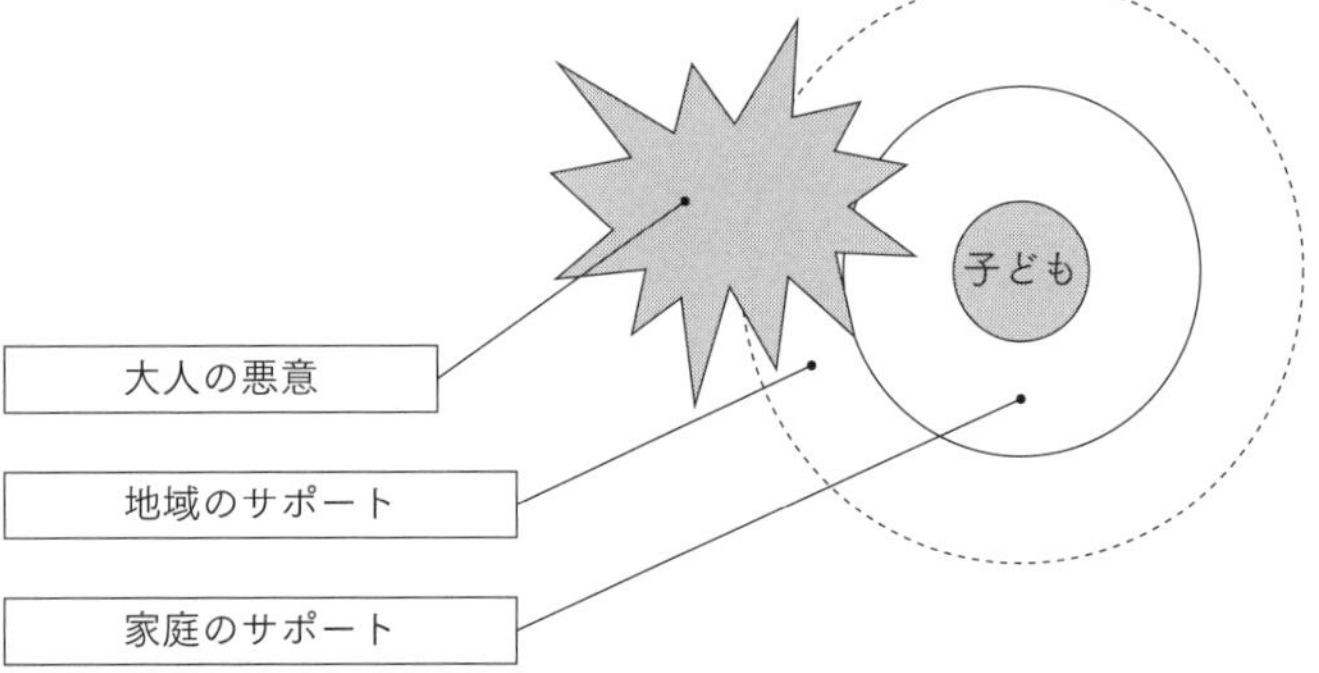

図6　現代の子どもは？

せん。子どもたちが、安心して、自分らしくいられる家庭外の居場所はなかなか見当たりません。ここ数年、子どものための居場所づくりが広がるなど、少しずつ地域のサポートも充実してきたように思われます。しかし、まだまだ十分とは言えません。

そして、地域のサポートの外側にも、子どもたちをサポートする存在はあるのでしょうか？　地域に居場所がない子どもたちを、サポートする仕組みはまだまだ不十分だと言わざるを得ません。それでも最近は、少しだけ地域のサポートの外側に子どもたちをサポートする仕組みが動き始めています。例えば、SNSを活用した相談活動もその一つです。もっと様々な仕組みや動きで、子どもたちをサポートして行かなくてはならないと思います。

以上のように、現代の子どもたちには三重のサポートは十分ではないと考えざるを得ません。しかも、現代社会では、こういったサポートの隙間を縫うように、大人の悪意が子どもに迫っていると考えられます（図6）。例えば、ツイッターなどのSNSに、辛い気持ちを打ち明ける子どもを狙って、悪意を持って近づいてくる大人がいます。そして、最初は親身に話を聞くなどして信頼を得てから、何らかの犯罪行為をその子どもに対して行うのです。「はじめに」で触れた「九人殺害事件」は、そういった犯罪の最も深刻なケースです。「となりのトトロ」の世界では、つか森のトトロに向かってSOSを訴えるとトトロが助けてくれました。しかし、現代社会では、インターネットに向かってSOSを訴えた場合、より深刻な事態を招きかねないのです。

こんなふうに、「となりのトトロ」の世界と現代社会は全く違った状況です。それでも、少しずつ子どもたちをサポートする仕組みや動きが出始めていることが本当に意味のあることだと感じます。

まずは大人がSOSに気づき受け止めること

「はじめに」では、辛い状況にある子どもたちにSOSを出すように求めることへの違和感について書きました。トトロは、サツキやメイがSOSを自分から出すことを求めていません。辛い気持ちでいっぱいになっている場面に、突然現れてサツキやメイに関わっています。子どもにSOSを出すように求めることよりも、子どものSOSに気づき、それを受け止めようとすることが大切なのです。

物語の最後に近い場面で、メイが迷子になって探し回っても見つからないとき、サッキはトトロに助けを求めます。つまり、サツキはトトロに自分からSOSを出すことができたのです。サツキは、今までのトトロとの関わりの中で、トトロが自分のSOSに気づいて受け止めてくれると感じたのだと思います。だから、自分からSOSを出すことができたのだと思います。やはり、子どもにSOSを出すように求めることを優先するのではなく、大人が子どものSOSに気づき受け止めることが優先されるべきなのです。

この章のまとめ

「となりのトトロ」の世界は、大人にとっても安心・安全の世界です。大人が抜けていても、頼りなくても、病気で思うようにならなくても、その外側にも子どもへのサポートが存在しています。そのサポートの中で、子どもは成長していけるからです。

また、子どもにとっても安心・安全の世界です。危機に直面したときには、トトロがとなりに来てくれて、気持ちをサポートしてくれるのです。こんなふうに、大人にも子どもにも安心・安全な世界を見せてくれていることが、映画「となりのトトロ」の人気の秘密かもしれません。

もちろん、「となりのトトロ」の世界は映画の中の世界です。現実とは大きな違いがあるのです。それでも、私たち大人はそこから何かを感じ取って、子どものサポートにつなげていくことはできるのではないかと思います。

【文献】

藤掛明　一九九九　描画テスト・描画療法入門―臨床体験から語る入門とその一歩あと　金剛出版
日本ケアラー連盟　ヤングケアラーとは　日本ケアラー連盟ホームページ
https://carersjapan.com/about-carer/young-carer/
濱島淑惠　二〇二一　子ども介護者―ヤングケアラーの現実と社会の壁　角川新書
大河原美以　二〇一五　子どもの感情コントロールと心理臨床　日本評論社

おわりに

本書は、二〇二一年六月から二〇二二年五月まで、金子書房の note で連載した一二回の文章に、大幅に加筆修正したものです。

私は、一九九五年からスクールカウンセラーとしてたくさんの学校で勤務してきました。また、二〇一八年から民間のカウンセリングルームを開業し、同じ臨床心理士・公認心理師である妻と一緒にカウンセリング実践を行っています。こういった実践を通して、学校生活や日常生活の中で子どもに関わっている大人が子どもをサポートしていくには、どのように関わっていったら良いかについて考え、工夫し続けています。子どもが生きている現場でサポートされることが、カウンセリングルームでサポートされるよりも、子どもにとっては価値があるのではないかと考えているからです。

そこで、本書では、日常生活の中で子どもに関わっている大人のために、子どものSOSの聴き方・受け止め方、そして、そのために子どもをどのようにサポートしていくかについて書きました。そして、大人からどのように言葉かけをしたり、子どもの言葉にどのように応えるかについて、できるだけ具体的に書くように努めました。原理原則は分かっても、実際にどうすれば良いかで、悩み、迷うことが多いからです。また、具体的な言葉や関わり方を通して、本質的なことが見えてくることも多いと思うからです。子どもをサポートする大人に、少しでもお役に立つ内容であることを願っています。

今までのカウンセラー活動の中で、多くの先生方や保護者の皆様から学ばせてもらいました。それを本書に生かせていたら、ありがたいことだと思います。もちろん、多くの子どもたちもたくさんのことを教えてくれました。それを、次の大人に伝える内容になっていることを心から願っています。

しかし、非常に大切なことなのですが、ほとんど触れられないことがありました。それは、大人である私たち自身のサポートです。子どもに関わることによって、私たち自身の心が揺さぶられることがよくあります。自分自身の心に様々な感情が生まれ、私たち自身が振り回されそうになることも多いと思います。私たち自身が、未熟なところや課題を多く抱えた、ただの一人の大人だからです。

ところで、旅客機が飛行中に緊急事態に陥った場合、酸素マスクは子どもが優先ではなく、最初に大人が装着しなければならないとされています（野坂、二〇一九）。大人の安全が確保されなければ、子どもを守ることができないからです。子どもと関わることは、様々な困難に直面しがちだからこそ、私たち大人は、意識して自分自身の安心安全を保つことが求められると言えます。

また、大河原（二〇一九）では、子育てに悩む母親へのカウンセリングの経験を踏まえて、子育ての困難さは「人格の問題ではなく過去の記憶の問題」だと、繰り返し指摘しています。

今まで辛いことを一生懸命我慢して、頑張ってきた辛い記憶が、子育てのなかで活性化され、様々な辛い感情を生じさせていると考えられるのです。このことは、母親に限らず全ての大人に生じると考えられます。どんな人でも、過去に経験してきた辛い体験や悲しい体験の記憶が、子どもとの関わりの中で活性化され、様々な不快な感情に苦しめられる可能性があります。それは、私たち自身の人格や人間性の問題ではないのです。全ての大人が多かれ少なかれ直面する問題だと考えられます。

これらのことを踏まえると、子どもと同じように、私たち大人も誰かからサポートされることが必要だと言えます。一人で苦しみながら子どもに関わっていくのではなく、誰かとつながり、支えられながら、子どもに関わることが大切なのです。

「一人の子どもを育てるには、一つの村が必要だ」というアフリカのことわざがあるそうです（石隈・家近、二〇二一）。子どもに多くの人が関わる必要性があるという意味合いで理解されていますが、私たち大人にも一つの村が必要なのだと思います。大人同士が、つながり、支え合って、子どもを育てていかなくてはならないと思います。

最後になりましたが、本書が書籍として形となるまでに、たくさんの方の力をいただいたことに対して、この場をお借りして御礼を申し上げます。金子書房の岩城亮太郎様は、粘り強くサポートしてくださいました。また、note の記事に「スキ」を押してくれたたくさんの方にも力をいただき、連載を続けることができました。なかなか原稿が進まない状況でも、家族は温かく見守り続けてくれました。本当にありがとうございました。

【文献】

野坂祐子　二〇一九　トラウマインフォームドケア――〝問題行動〟を捉えなおす援助の視点　日本評論社
大河原美以　二〇一九　子育てに苦しむ母との心理臨床――ＥＭＤＲ療法による複雑性トラウマからの解放　日本評論社
石隈利紀・家近早苗　二〇二一　スクールカウンセリングのこれから　創元社

著者紹介

半田一郎（はんだいちろう）

子育てカウンセリング・リソースポート代表、
茨城県公立学校スクールカウンセラー。

学校心理士スーパーバイザー、臨床心理士、公認心理師。

1969年、高知県生まれ。

1995年よりスクールカウンセラーとして60校以上の小中高等学校で活動。

主な著書には、『一瞬で良い変化を起こす　10秒30秒3分カウンセリング－すべての教師とスクールカウンセラーのために』（ほんの森出版）、『一瞬で良い変化を起こす　カウンセリングの“小さな工夫”ベスト50－すべての教師とスクールカウンセラーのために』（ほんの森出版）、『スクールカウンセラーと教師のための「チーム学校」入門』（日本評論社）がある。

子どものSOSの聴き方・受け止め方

2023年4月30日　初版第1刷発行　　　検印省略
2023年11月20日　初版第3刷発行

著　者　半田一郎
発行者　金子紀子
発行所　株式会社　金子書房
〒112-0012 東京都文京区大塚3-3-7
TEL 03-3941-0111〔代〕／FAX 03-3941-0163
振替 00180-9-103376
URL https://www.kanekoshobo.co.jp

印刷　藤原印刷株式会社　　製本　有限会社井上製本所

ISBN978-4-7608-2449-6 C3011　　Printed in Japan